Um Grande Dia para as Escritoras
Autoras do Brasil mostram a cara

Este livro foi revisado segundo o Acordo Ortográfico da Língua Portuguesa de 1990, em vigor no Brasil desde 2009.

EDIÇÃO **Ana Cecilia Impellizieri Martins**
COORDENAÇÃO EDITORIAL **Meira Santana**
ASSISTENTE EDITORIAL **Olivia Lober**
COPIDESQUE **Taís Bravo**
REVISÃO **Gabrielly Alice da Silva**
PROJETO GRÁFICO **Bloco Gráfico**
ASSISTENTE DE DESIGN **Stephanie Y. Shu**
TRATAMENTO DE IMAGEM **Adilson B. Liporage**
ACOMPANHAMENTO GRÁFICO **Marina Ambrasas**

CIP-BRASIL. CATALOGAÇÃO NA PUBLICAÇÃO
SINDICATO NACIONAL DOS EDITORES DE LIVROS, RJ

G779
Um Grande Dia para as Escritoras: Autoras do Brasil mostram a cara
Organização: Giovana Madalosso... [et al.].
1ª ed. Rio de Janeiro: Bazar do Tempo, 2023.
176 p.; 23 cm.

Inclui índice
ISBN 978-65-84515-43-7

1. Literatura brasileira - Escritoras brasileiras.
I. Madalosso, Giovana.

23-83575 CDD: 869
CDU: 821.134.3(81))

Gabriela Faray Ferreira Lopes, Bibliotecária, CRB-7/6643
20/04/2023 25/04/2023

BAZAR DO TEMPO
PRODUÇÕES E EMPREENDIMENTOS CULTURAIS LTDA.

Rua General Dionísio, 53, Humaitá
22271-050 – Rio de Janeiro – RJ
contato@bazardotempo.com.br
www.bazardotempo.com.br

UM GRANDE DIA PARA AS ESCRITORAS

AUTORAS DO BRASIL MOSTRAM A CARA

organização
Deborah Goldemberg
Esmeralda Ribeiro
Giovana Madalosso
Paula Carvalho
Sony Ferseck

BAZAR DO TEMPO

A todas as escritoras que não puderam estar conosco.

Mulheres para serem vistas e lidas: a gênese do movimento Um Grande Dia para as Escritoras

Era maio de 2022. A escritora Giovana Madalosso estava procurando uma referência para fazer um retrato de família quando descobriu a foto Um Grande Dia no Harlem. Em 1958, a convite da revista *Esquire*, o fotógrafo Art Kane resolveu registrar a efervescência da cena do jazz estadunidense convidando todos os músicos que estivessem em Nova York para uma foto. Cinquenta e sete músicos apareceram, dando origem a uma imagem que se tornou emblemática, um registro histórico da era de ouro do jazz.

Ao bater os olhos na foto, Giovana não viu jazzistas nem familiares. Só vislumbrou escritoras. Nos últimos anos, ela vinha percebendo uma mudança nas livrarias e nas feiras literárias. Nunca tantas autoras do Brasil estavam sendo publicadas. E ela pensou que esse crescimento histórico também era digno de registro.

No mesmo dia, mandou um e-mail para Paula Carvalho e Paulo Werneck, editores da revista *Quatro Cinco Um*, propondo que marcassem uma data e convidassem todas as escritoras que estivessem em São Paulo para uma foto, que depois poderia ser publicada na revista. A resposta dos editores chegou em poucos minutos: os dois não só topavam, como sugeriam que o registro fosse feito em menos de um mês, no dia 12 de junho, durante A Feira do Livro que acontece na praça Charles Miller, em frente ao estádio do Pacaembu. A proposta era boa: aproveitariam o público da feira e teriam como cenário um patrimônio histórico da cidade, ainda tendo como ponto de encontro a adjunta e auspiciosa escadaria Patrícia Galvão, vulgo Pagu. Enquanto discutiam esses detalhes iniciais, Giovana ligou para sua amiga, a escritora Natalia Timerman, que logo veio somar força ao grupo.

O desafio que tinham era grande. Não queriam fazer uma foto só com rostos conhecidos — qual seria o ponto de mostrar apenas escritoras que já estavam na mídia? Queriam um registro abrangente, que representasse, mesmo que em parte, um movimento vasto e diverso. Mas como fazer o chamado chegar em tão pouco tempo a tantas escritoras?

UMA ESCRITORA PUXA A OUTRA.

Num certo momento, quase desistiram. Consideraram protelar a data. Logo viram que não valeria a pena. Tomaram coragem e seguiram em frente, cientes de que poderiam ou não ter êxito, dependendo de um engajamento que, naquele momento, não era possível prever.

No dia 2 de junho, dispararam o convite nas redes, batizando o movimento de Um Grande Dia para as Escritoras. A *Quatro Cinco Um* deu o furo. A *Folha de S.Paulo* divulgou: "a proposta é celebrar a presença feminina no mercado editorial registrando o maior número possível de autoras". A Giovana e a Natalia publicaram colunas fazendo o convite, enquanto a Paula preparou outras matérias na revista literária. Outros veículos deram notas.

Paralelamente, as três foram acionando escritoras e parceiras de movimentos feministas.

Tatiana Nascimento trouxe Esmeralda Ribeiro e, juntas, levaram o chamado a mais escritoras negras. Jéssica Balbino acionou as periféricas. Carol Ito, as quadrinistas. Amara Moira, as trans. Julie Dorrico, as indígenas. Roberta Estrela D'Alva, as minas do slam. Deborah Goldemberg trouxe a semente de expansão para outras regiões que, naquele momento, nem imaginavam que poderia acontecer. E dezenas de outras escritoras, tão cruciais quanto as citadas, trouxeram outras e outras e outras.

Tudo parecia encaminhado, mas foi só o frio na barriga passar que veio mais emoção. No dia 4 de junho, a livraria Circulares Livros, de Brasília, postava um convite com a mesma chamada de São Paulo, "escritoras, venham para uma foto histórica", propondo o evento na sua cidade, na mesma data. Sem que as escritoras de São Paulo tivessem feito nada, o movimento começava a se alastrar. Literalmente, da noite para o dia.

Em 5 de junho, várias outras cidades divulgaram que também fariam a foto. Naquele momento, o núcleo inicial do movimento se deu conta de que a ideia poderia ir muito mais longe do que jamais imaginaram. E, de novo, pensaram que, quanto mais abrangente e diverso fosse o resultado, mais bonito e relevante seria.

Enquanto mais cidades marcavam espontaneamente para o mesmo fim de semana um encontro para realizar também uma foto de suas escritoras, o grupo inicial, que já tinha crescido ao absorver as lideranças de cada localidade, começou a correr para levar o convite a todas as regiões do Brasil e até a outros países.

Como aconteceu desde o início, não era preciso dizer muito. De alguma maneira, cada uma viveu a mesma coisa: um manuscrito recusado, uma porta fechada, uma voz silenciada. O chamado ressoava no peito e dispensava explicações, mas a mesma questão surgia de todos os lados: quem podia participar da foto? Ou ainda: o que faz de alguém uma escritora?

Ninguém tinha resposta. Uma mulher é escritora a partir do momento que publica? Ou a partir do momento que começa a escrever? E quando começa, o que faz dela escritora, concluir um texto ou ser lida por alguém?

Na ausência de um critério comum e estabelecido, tomaram a decisão que acabou por definir o êxito do movimento: escritoras são aquelas que se sentem escritoras.

Graças a essa mensagem, que se espalhou pelo boca a boca, ao apoio do Mulherio das Letras e de outros coletivos de escritoras, dos coletivos feministas, dos clubes de leitura e dos veículos de cada região, elas vieram aos montes. Nos dias 11 e 12 de junho, centenas de mulheres tomaram espaços públicos de cidades no Brasil e no mundo. Praças, coretos, prédios históricos, estádios, bibliotecas, escadarias. Lugares desde sempre tomados por homens eram agora ocupados por mulheres com seus livros em punho.

As fotos, que transpareciam o orgulho de quem suou para galgar aqueles e outros degraus, viraram capa de jornais, matérias de tevê e revistas, posts nas redes sociais e inspiração para outros registros que não paravam de ser agendados, mesmo depois do catártico fim de semana.

De junho de 2022 a fevereiro de 2023, quando a edição deste livro foi concluída, não houve um mês em que algum flash não tenha sido disparado em alguma cidade, registrando 2.302 escritoras em 53 fotos em 49 cidades. Um total que já deve estar desatualizado, já que o movimento não parou e não deve parar tão cedo. Sem falar do que nasceu a partir desses encontros, como *Mexerica*, uma quentologia poética-erótica; a feira literária Escribas de Minas; a feira literária Um Grande Dia para as Escritoras de Volta Redonda; os Booktims, encontros mensais das escritoras da Baixada santista; o coletivo e clube de leitura A Estrangeira, de Angra dos Reis; o coletivo Mulheres que Escrevem de Garopaba, a Livraria Itinerante Hilda, entre outras iniciativas. O que nos leva a procurar respostas para tamanho êxito.

Antes de mais nada, é preciso relembrar em que contexto essa fagulha começou se alastrar. Sabemos da diferença histórica de oportunidades para homens e mulheres em todas as esferas. No mercado editorial nunca foi diferente. Mesmo em uma pesquisa recente, conduzida por Regina Dalcastagnè, de 1990 a 2014, a disparidade aparece: dos livros publicados no Brasil nesse período, 71% são de autores homens. Até 2023, apenas 16% dos vencedores na categoria romance do Prêmio Jabuti foram mulheres. E isso em um país em que 54% dos leitores são elas.

Como o movimento Um Grande Dia para as Escritoras vem confirmar, e outros projetos importantes no país, como o Leia Mulheres, Mulherio das Letras, Mulheres que Escrevem, apenas para citar alguns, elas não só leem. Elas escrevem muito. Há milhares de escritoras produzindo no Brasil, até nas menores cidades. Por que, então, são menos publicadas? Há uma conjunção de fatores que levam a isso, mas o que chamou a atenção na dinâmica das fotos é algo que precede as barreiras externas e já conhecidas.

Ao contrário da maioria das outras profissões, em que um diploma ou um reconhecimento financeiro marca o início de uma carreira, ninguém diz: “A partir de hoje você é um escritor”. E essa autovalidação, já difícil para qualquer pessoa que escreve, costuma ser ainda mais desafiadora para as mulheres, em sua grande maioria, desqualificadas de várias formas ao longo da vida.

Nesse sentido, as fotos ofereceram uma oportunidade para que algumas assumissem para si e para os outros: sim, sou escritora. Claro que muitas já se colocavam dessa maneira. Como você também verá a seguir, Um Grande Dia para as Escritoras é um movimento bastante heterogêneo, com autoras de doze a 99 anos, em diversos estágios de suas carreiras.

No entanto, por mais variadas que sejam essas trajetórias, não há um único rosto neste livro que não carregue atrás de si uma história de luta. Não há ninguém que não tenha superado alguma barreira para se tornar quem queria ser.

Este, portanto, é um livro de celebração. E um convite para o leitor expandir seus horizontes. No mesmo ano em que Um Grande Dia para as Escritoras nasceu, pela primeira vez, o Jabuti premiou mais romancistas mulheres do que homens, inclusive escritoras negras. Já podemos baixar nossas canetas e dizer que a batalha está ganha? Quem dera. Além de ainda estarmos longe de firmar igualdade em catálogos, feiras e premiações, a maioria das escritoras destacadas na mídia é da região Sudeste.

Nas próximas páginas, você terá o privilégio de conhecer um Brasil ainda pouco conhecido. Um Brasil além do óbvio. E como é potente esse país.

Juntas fomos estádio, praça e escadaria

Giovana Madalosso

Até hoje, quando vejo alguma foto do Um Grande Dia para as Escritoras, fico com os olhos marejados. Tenho me perguntado por que eu já enchi uma banheira com emoção. Volto no tempo para investigar.

Embora já soubesse que queria ser escritora desde os oito, só consegui publicar aos 36 anos. Sou aquela mulher cuja família recomendou que encontrasse uma profissão mais séria. Cujo namorado dizia que os textos nunca estavam bons. Cujos e-mails nunca eram respondidos pelas editoras. Cujos manuscritos não tinham nem o privilégio de serem recusados porque sequer eram lidos.

Quando finalmente publiquei o meu primeiro livro e passei a ouvir as mulheres que se aproximavam de mim, percebi que aquela história que eu julgava ser minha era, na verdade, a de muitas escritoras.

Cheguei a pensar que a ideia de fazer a foto, em 2022, me ocorreu por acaso, ao ver o retrato Um Grande Dia no Harlem. Mas, como sabemos, nada é por acaso. Antes de fitar pela primeira vez a imagem dos jazzistas, eu já tinha tentado alavancar a escrita feita por mulheres de diversas formas, criando, por exemplo, o Rajada de Escritoras, um movimento que não decolou.

Apesar do trabalho que diversas autoras maravilhosas fizeram para divulgar as fotos, eu também não sabia se a nossa proposta ia decolar. Mesmo quando dezenas de cidades aderiram e fizeram seus convites, aquela voz interna, que todas temos e às vezes teima em nos diminuir, ainda soprava que poderia ser um fiasco.

Sabe quando você vai dar uma festa e acha que ninguém vai aparecer? Era isso que se passava pela minha cabeça na noite de 11 de junho de 2022, véspera da foto de São Paulo. Mas havia uma outra parte minha que sabia que não seria assim. Foi essa que, no dia seguinte, ao sair de casa, pegou o megafone que costuma ficar na minha estante para ser usado em panelaços.

Ainda bem que o levei comigo. A fila de mulheres organizada para entrar no estádio e fazer a foto de São Paulo serpenteava viva, falante e crescente por toda praça em frente ao estádio do Pacaembu.

Quando vi aquelas quatrocentas mulheres acomodadas para fazer o registro na arquibancada à minha frente, pensei que não podia perder a chance de dizer alguma coisa. Eu não imaginei que iria falar. Tudo aconteceu tão rápido no Um Grande Dia para as Escritoras que nunca dava tempo de prever o próximo passo. Eu não tinha preparado um discurso, mas, conduzida por uma eletricidade que eu ainda não sabia muito bem de onde vinha, improvisei algo assim: sempre nos falaram que as mulheres são menos publicadas porque têm menos tempo para escrever, mas é mentira. Apesar da divisão desigual de tarefas domésticas, sempre demos um jeito de escrever. E a prova está aqui e nas centenas de mulheres que estão fazendo fotos agora mesmo, em diversas cidades do Brasil e do mundo. "Viva a escrita feita por mulheres", gritei. "Viva", devolveram em coro.

Hoje percebo que aquela energia que me colocou nas pontas dos pés, com um megafone numa mão e outro braço levantado para o céu, não veio só de centenas nem de alguns milhares de escritoras. Sentada perto de mim, estava Lenny Blue, uma escritora negra que me contou que, apesar de ter textos publicados em treze antologias, quase não foi fazer a foto porque não se sentia escritora o bastante para isso. Ao lado dela, estava Tatiana Nascimento, usando uma máscara de Maria Firmina dos Reis, a primeira romancista do Brasil, totalmente apagada da história. E, junto de Tatiana, estava a própria Maria Firmina, ladeada pela autora Maura Lopes Cançado, que faleceu em 1993, depois de diversas brigas com seu agente e internações em manicômios. Lygia Fagundes Telles, cujas cinzas ainda orvalhavam um jardim a poucos quilômetros dali, também estava conosco. Assim como Hilda Hilst e Clarice Lispector. E Lindacy Menezes, semianalfabeta que se tornou autora de diversos livros e estava na foto, embora naquele momento ainda nem soubesse disso, vindo a integrar o registro de Um Grande Dia para as Escritoras na Rocinha só seis meses depois. Lá no canto esquerdo da outra arquibancada, estavam George Eliot e todas as escritoras que tiveram que usar nomes de homens ou roupas masculinas para ter a chance de ser lidas. Ao lado, estava Carolina Maria de Jesus, que escrevia com fome, e milhares de autoras que, por nunca terem sido alfabetizadas, escreveram apenas com a cabeça, mas escreveram muito. Próximo à trave, estavam as meninas indígenas que teriam se tornado escritoras se não fossem mortas por descaso público na infância. E, ao lado delas, com seu cocar azul, estava Mathilde Makuxi, que também estava no registro de Roraima. Segurando comigo o megafone e sentindo a mesma satisfação, estavam todas as organizadoras das fotos que aconteciam naquele momento em outras cidades, que aconteceram na véspera e aconteceriam depois. Assim como todas as mulheres que foram posar com seus livros em punho. Ou com seus projetos em punho. Ou com seus bloqueios criativos em punho. E aquelas que queriam muito estar lá, mas, por não terem com quem deixar seus filhos ou suas tarefas, não puderam ir.

Juntas lotamos de ponta a ponta aquele estádio e entoamos um coro de gerações. Igualmente juntas, lotamos coretos, praças e escadarias. Fomos milhares nas fotos em que só havia cinco. Seremos milhares em qualquer foto que vier depois. O que explica essa banheira que agora transborda. O que explica a certeza de que nunca viverei nada parecido com o que presenciei em junho de 2022 — obrigada a todas que saíram de casa para viver essa aventura comigo. Se não fosse por cada uma de vocês, não teria sido tão bonito.

Andréa del Fuego disse que o Um Grande Dia para as Escritoras foi um sismógrafo. Certamente foi. Da mesma forma que, até publicar o meu primeiro livro, eu não sabia que existiam tantas trajetórias parecidas com a minha, até 2022 eu não sabia que havia tantas escritoras produzindo no Brasil. Sempre fomos subnotificadas. E continuamos sendo. Nas fotos a seguir, é possível ver um pouco além do cume dessa montanha, mas ainda há muito mais a ser descoberto.

Depois do Um Grande Dia para as Escritoras passei a receber livros de autoras que participaram do movimento. Ouso dizer que é dessa literatura ainda pouco conhecida, feita com resiliência, paixão e fúria, que surgirá uma nova estética e o ar tão necessário para que a arte se reinvente de tempos em tempos. Cânone, atenção para o sismógrafo e para as próximas páginas: as letras vão tremer.

Giovana Madalosso é autora do livro de contos *A teta racional*, finalista do Prêmio Biblioteca Nacional, do romance *Tudo pode ser roubado*, finalista do Prêmio São Paulo de Literatura, e de *Suíte Tóquio*, finalista do Jabuti, publicado em diversos outros países, atualmente em adaptação para o cinema. Também é autora do livro infantil *Altos e baixos* e colunista do jornal *Folha de S.Paulo*.

Este livro não existiria sem o trabalho de Jess Carvalho, a jornalista que identificou e cadastrou cada uma das escritoras que aparecem nas fotos.

As fotografias a seguir são apresentadas na ordem em que foram realizadas, nas diversas cidades do país e no exterior. Os nomes das escritoras participantes estão em ordem alfabética.

Adriele Regine
Aila Boiler
Ana Claudia G. Bastos
Ana Pedrosa
Andréa Mascarenhas
Brenda Sales
Carla Brito
Carolina Miranda
Carollini Assis
Catharina Azevedo
Clara Suit
Clarissa Macedo
Cláudia Fracassi
Danielle Andrade
Diane Portella
Elenia Cardoso
Esther Alcântara
Esther Blanco
Heloísa Lima
Hosanna Almeida
Ingrid Brito
Jamile Nery
Júlia Grilo
Júlia V. de Carvalho
Juliana Almirante
Karina Rabinovitz
Kátia Borges
Lidiane Nunes
Lilian Almeida
Luiza Meireles
Marcia Moreira
Maria Ávila
Mariana Madelinn
Mariana Paiva
Nathalya Cavalcante
Neide Cortizo
Patrícia Prisco
Priscila R. P. de Almeida
Renata Belmonte
Rita Queiroz
Roberta E. P. da Silva
Samara Lima
Vera P. Coqueiro
Vitória R. Sampaio
Zoé Avillez

Fundação Casa de
Jorge Amado
Foto: Ticiana Landeiro
11 de junho de 2022

ESTAR JUNTO É
SE FAZER VISÍVEL.

Eu estava apreensiva naquela manhã. Cada esquina me provocava uma fisgada no estômago que, na verdade, não passava de um sintoma para a pergunta inadmissível: "E se as demais escritoras não aderirem ao chamado?". E se eu restar aqui, solta, sozinha? Será que, depois de tanto tempo morando fora, em São Paulo, fazia sentido eu estar ali? De onde sou, de que matéria fui feita, por que me insiste essa poesia nem sempre bonita? Há algum lugar em que eu caiba perfeitamente? Sou de onde estou ou da terra em que nasci?

Estava muito quente e, enquanto toda a incerteza me tomava, lembranças ganhavam corpo para se transmutarem nas verdadeiras presenças do meu dia.

Quando a primeira escritora chegou, os pensamentos incômodos deram uma trégua. Senti um imenso alívio. No momento em que me dei conta de que já nos fazíamos coletivo, fui capaz de descobrir, naquelas diversas vozes, o meu próprio destino. Fiz casa naqueles rostos que se apresentavam — muitos deles, até então, para mim desconhecidos. Estar junto é se fazer visível e não se contentar com olhares precários, clandestinos. O registro do nosso Um Grande Dia foi feito na frente da Casa de Jorge Amado, minha primeira editora e, não por acaso, um cartão-postal da Bahia. Era 11 de junho de 2022. Com a benção dos tambores do Olodum, cumpriu-se, enfim, nosso rito.

Renata Belmonte

Adriana Maschmann
Adrianna Duarte
Aduany P. Zimovski
Amanda Leonardi
Ana Carolina Pinheiro
Ana dos S. Santos
Ana Mello
Andrea Barrios
Andréia Schefer
Andrezza Postay
Angela Tricot
Astúria Vasconcelos
Beatriz Borges
Benette Bacellar
Berenice S. Lamas
Cacá Melo
Camila Maccari
Caren S. C. S. Borges
Carina Corá
Carina Luft
Carolina Panta
Cátia Simon
Chris Dias
Cíntia Colares
Clara Corleone
Clara Pandorga
Cláudia Gonçalves
Cláudia Sepé
Cleonice Bourscheid
Conceição Hypolito
Cris Lisbôa
Daizi Vallier
Dani Espíndola
Dani Langer
Daniela Fantin
Delma Gonçalves
Dóris Soares
Elmira Carla
Eloide Marconi
Ester Mambrini
Fabiana Souza
Fátima F. Farias
Fernanda Moreno
Gisela Rodriguez
Giselle Maria
Giulia Guadagnini
Gláucia de Souza
Graziela J. Prestes
Helena Terra
Helenice Trindade
Inês Lempek
Iodilma Correia
Irka Barrios
Jane Ulbrich
Jéssica Barbosa
Jessie Correa
Joana Davile
Joice Cardoso
Joselma Noal
Julia Dantas
Karen Soarele
Leila de S. Teixeira
Leila Pereira
Lélia Almeida
Lenira Fleck
Leticia M. Brum
Letícia Möller
Lia T. Medeiros
Liana Timm
Liane Tonelotto
Ligia Savio
Lilian Rocha
Lisane Zorg
Lívia Araújo
Liz Quintana
Lorena Fontoura
Lota Moncada
Luciana Konradt
Luciana Zart
Luciane Slomka
Magalhe Oliveira
Manuela D'ávila
Manuela L. Dipp
Maria A. Gastal
Maria Alice Bragança
Maria Clara de Lima
Maria Helena Weber
Maria N. de Oliveira
Maria O. Rodrigues
Maria Williane
Mariadinair
Mariam Pessah
Marieta dos S.
da Silbeira
Marília Saldanha
Maristela S. Deves
Michele Fernandes
Milene Bordignon
Moema Vilela
Moira Stein
Monique Revillion
Muriel R. de Freitas
Nadia M. Lopes
Naia Oliveira
Natália Frazza
Nathallia Protazio
Neli Germano
Neusa Rocha
Nina Caixeta
Patrícia Langlois
Patrícia M. F. Cabral
Patsy Cecato
Rafaela Degani
Regina Porto
Renata Pereira
Rosane Castro
Rosi Capelari
Saíle B. Barreto
Selene Fagundes
Silvana Corrêa
Simone Mello
Stela Rates
Taciana Lucchese
Taiane S. Martins
Taiasmin Ohnmacht
Taís Moreira
Tatiana Cruz
Tonia F. Vargas
Vanessa Melgaré
Vanessa Sila

Escadaria 24 de Maio
Foto: Márcia Prado

11 de junho de 2022

UM GRANDE DIA PARA AS ESCRITORAS SE MOSTROU UM CORAJOSO MOVIMENTO FEMINISTA, BEM-VINDO E NECESSÁRIO.

Cheguei cedinho no evento do Um Grande Dia para as Escritoras em Porto Alegre e, como todo mundo que estava ali, enfrentei um vento minuano gelado, que dava um toque bucólico para aquela história tão urbana que se registrava. Estávamos todas presentes, mesmo quem não estava fisicamente, estava de coração. Estar reunida com outras escritoras foi um exercício de empatia, amor e reconhecimento da luta das mulheres pelo direito à educação, ao voto e, consequentemente, à publicação. Luta que ainda é tão imprescindível e fundamental, afinal, o patriarcado continua oprimindo e matando as nossas mulheres — nossas Marias, Marielles, Malalas.

A literatura precisa de pausa, de respiros, e naquele 11 de junho, isso foi possível. Conseguimos conversar sobre a nossa escrita com admiração e respeito e lembramos uma das outras em falas animadas. Exibimos orgulhosamente nossos livros para mostrar ao mundo que a literatura feita por mulheres vibra, permanece, avança.

Encontrei-me com amigas, alunas, escritoras conhecidas e desconhecidas no universo literário — Mulheres-Maravilha com um superpoder em comum: a escrita.

Vivemos um momento de muita alegria, um daqueles dias inesquecíveis. O que ficou na memória da charmosa escadaria da rua 24 de Maio foram os abraços de encontros emocionados. O evento Um Grande Dia para as Escritoras se mostrou um corajoso movimento feminista, bem-vindo e necessário.

Beatriz Borges

O que mais me emocionou no nosso encontro para a fotografia de Porto Alegre foi a grande adesão das mulheres. Houve um empenho, não só das escritoras compartilhando o convite em suas redes sociais, mas também de associações e sindicatos. Temos uma ligação emotiva com a escadaria da 24 de Maio, também conhecida como escadaria da Otávio Rocha, por isso não houve dúvidas na escolha do local. Essa escadaria já foi palco de um sarau e uma minifeira do livro realizada pelo coletivo Mulherio das Letras. Também abriga uma associação de moradores muito conectada com a literatura que promove feiras de doações de livros uma vez por mês.

Agendamos para o sábado, dia 11, às 10h da manhã. Pensamos em organizar todas e todes para que a fotografia se realizasse às 11h. Muito bem organizadas e pontuais, algumas autoras chegaram às 9h. Fazia o frio típico do inverno porto-alegrense e a intenção foi não abusar das mulheres que, muito bem agasalhadas e coloridas, enfrentavam a umidade.

A fotógrafa Márcia Prado nos clicou pontualmente. Algumas retardatárias chegaram depois que o grupo tinha se dispersado. Em pequenos grupos, elas foram contempladas em outras fotografias.

Após o clique, enviei uma mensagem para o grupo das organizadoras: Porto Alegre, check. Iniciava o nosso movimento tão potente.

Irka Barrios

Escolhemos como lugar para este registro histórico o emblemático coreto da praça Tamandaré, local onde estivemos tantas e tantas vezes reunidas gritando #elenão, reivindicando direitos e espaço num mundo que segue a nos hostilizar. Muitas de nós estavam ali, juntas, em 2019, quando o coreto recebeu a placa que hoje nomeia esse espaço em homenagem a uma grande escritora rio-grandina, uma mãe literária que deve estar sorrindo em algum lugar em nós, por nós: Carmen da Silva.

Nosso registro histórico é uma foto incompleta. Faltam aquelas que não puderam estar presentes porque se recuperavam da Covid-19, porque trabalham no sábado à tarde, porque têm filhos pequenos ou parentes adoecidos para cuidar, entre outras demandas que impedem mulheres de estarem presentes nos lugares onde gostariam de estar. E é por isso que esta foto precisa ser repetida, nesse mesmo espaço, todo ano, até que esteja completa.

Que essa utopia nos mova e nos motive a seguir rumo umas às outras, ao coletivo de mulheres. Que juntas possamos criar novos espaços de pertencimento.

Juliana Blasina

Praça Tamandaré
Foto: Jade Luzardo
11 de junho de 2022

Andréia Pires
Annabel Laurino
Clarice S. Bainy
Cláudia Borges
Daniela Delias
Elizângela Teixeira
Gabriela P. Alegre
Jaque Machado
Jeanice Garcia
Josy Silva
Juliana Blasina
Karina Macedo
Karine Sanchez
Lena Fuão
Lorena Dias
Mara Bainy
Milene L. Louzada
Nicolli Gautério
Patrícia Silveira
Paula Liaroma
Sandra L. Ribeiro

Rio Grande, RS

Praça Verde –
Dragão do Mar
Foto: Miguel Silva
Cordeiro
11 de junho de 2022

Fortaleza, CE

Aline L. Moreira
Alyne Castro
Ana Caroline U. Andrade
Andréa Agnus
Beatriz N. Caldas
Cris Menezes
Débora Suelda
Elaine Resende
Emanoelli S. Farias
Emanuela Ribeiro
Érica Zíngano
Karine Vasconcelos
Kelly G. de Oliveira
Lara T. Vainstok
Leide Freitas
Letícia Bailante
Lisiane Forte
Luciana Braga
Luciana Terra Targino
Maggie Paiva
Nadia Camuça
Natália M. Barbosa
Patricia Baldez
Patricia Cacau
Rosa Morena
Sandra Fontenelle
Sofia Osório
Suene Honorato
Yara Fers

A NOSSA CAMINHADA CONTINUA.

Diante da movimentação nas redes sociais sobre a foto em São Paulo e em outros locais, nós nos questionamos se era possível fazer o mesmo em Fortaleza e pensamos que não poderíamos ficar de fora desse movimento.

Os contatos e preparativos começaram: sugestões de locais, indicação de fotógrafas. Quando tivemos a autorização de uso do espaço, foi um momento de festa e de pressa, as artes de divulgação do evento foram rapidamente produzidas e compartilhadas. Escritoras que não poderiam comparecer no dia ou que nem estavam em Fortaleza fizeram questão de colaborar divulgando e dando força para que o evento ocorresse.

Um Grande Dia, em Fortaleza, aconteceu no dia 11 de junho, véspera do Dia dos Namorados, um encontro marcado quase em cima da hora, no Dragão do Mar, um centro de arte e cultura. Apesar do receio de não conseguir uma pessoa para fotografar, tivemos dois fotógrafos maravilhosos registrando o nosso momento. E fomos chegando de mansinho, umas sozinhas, meio tímidas, outras em grupo e em família.

Um Grande Dia não foi só a foto histórica das escritoras, como chamamos carinhosamente, foi o momento da união de mulheres, pois demos as mãos para caminhar juntas. Foi uma tarde mágica, na qual pudemos nos abraçar e conhecer pessoalmente aquelas com as quais já tínhamos um laço construído no espaço virtual. Além das várias e lindas fotos que fizemos, realizamos, depois, uma ciranda de mulheres, contando suas trajetórias e tornando ainda mais real e concreto o elo que nos une. O grupo, então, da foto se incorporou ao do Mulherio das Letras Ceará e participou da Bienal do Livro do Ceará em 2022 com saraus e lançamentos de livros.

E a nossa caminhada continua.

Karine Vasconcelos

Participar do evento Um Grande Dia para as Escritoras como escritora indígena Macuxi em Roraima foi como ter feito parte de uma grande roda de parixara, dança feita por mulheres que dão as mãos e fazem os dias girarem novamente, os corações e espíritos se aquecerem, os dias se iluminarem como os raios do sol, a Grande Avó Wei, que não se pode deter. Participar desse movimento é poder dizer e fazer ressoar nossas vozes, nossas palavras cantadas, encantadas, nossas palavras de cura, nossas palavras-cura. É dizer que nosso futuro não é a exploração, a morte. Afirmar também que nosso destino é o reencantamento, é a aliança afetiva com a terra, com as gentes. É poder manifestar e mostrar que somos possíveis e nos fazer possíveis com aqueles que também acreditam que podemos estender nossos dias sobre este planeta, como diz o parente Ailton Krenak.

Fico ainda mais feliz desta grande roda que é a produção artístico-verbal em Roraima, que compartilhou com o mundo as palavras do grande pajé Davi Kopenawa e seu *A queda do céu* (2015), Gabriel Viriato Raposo, Ely Macuxi, Jaider Esbell, Gustavo Caboco, Julie Trudruá Dorrico, Cristino Wapichana, Kamuu Dan Wapichana, Clemente Flores, Caetano Raposo, Joselita Maximino, Celino Raposo, Mathilde Makuxi e Lacy Mariano, Vanessa Sagica, Yara Macuxi, Jama Wapichana e de outros e outras que certamente ouvirão nossas vozes e darão as mãos para aumentar essa grande roda.
Sony Ferseck

Praça do Coreto
Foto: Greyce Rocha
11 de junho de 2022

Andréa Estevam
Elisa Coimbra
Eliza Menezes
Isabel M. Fonseca
Jama Wapichana
Loretta Emiri
Matilde Silva
Roseane Cadete
Rosidelma Fraga
Sony Ferseck

Reencantar o mundo: as vozes indígenas das mulheres

Sony Ferseck

Há um canto em Macuxi que diz “epakakîkin wîrisi/ uwai itun etapa”[1] que traduzido para o português significa “Acorda cunhatã/ para ouvir o som do meu instrumento”. Antes da imposição da letra alfabética, antes da invasão, os povos indígenas já semeavam por todo território de Pindorama — que agora chamam Brasil — seus cantos, suas histórias, proferiam suas palavras de cura. E continuam. E continuamos. Apenas incorporamos mais uma técnica, a da escrita alfabética.

O canto que menciono sempre me soou como um convite para participar de uma das grandes rodas de dança de parixara que os povos indígenas — inclusive o Macuxi ao qual pertenço — faziam durante as festividades coletivas feitas pelos mais antigos em Roraima, extremo norte do país. Mas diz muito também de como, pelo sopro e pela dança, escrevíamos o grande poema do mundo com a voz, com o corpo, com a arte na terra, de braços dados, reunidos num mesmo passo, num mesmo ritmo. Não quero com isso afirmar que todos os povos indígenas são iguais, longe disso. Mas ressaltar que a arte era esse espaço, esse lugar em que poderíamos cantar um mesmo canto e, principalmente, ouvir esse canto comum. Ouvir. Ouvir o outro. Ouvir as outras especialmente. Ouvir e ser ouvida.

Ouvirmos nossas canções, nossas histórias, nossas palavras de cura. Ouvir o reencantamento do mundo, a capacidade que uma vida tem de atravessar outras vidas, outros tempos e de se juntar neles como num grande trançado de fibras, numa arte tecida a partir da palha, por exemplo. Assim, quando escrevo, faço minha voz e a voz de outras mulheres ressoarem juntas e mais forte para a mais distante das terras de onde, neste momento, traço estas palavras, de Roraima, Terras de Makunaima, mas que eu mesma gosto de chamar de Terras de Wei, Weiyamî Paata’, a sol, a Grande Avó Sol. Nunca imaginei Sol que não

1 FIOROTTI, Devair; SILVA, Terêncio Luiz. *Panton Pia’: Eremukon do circum-Roraima*. Rio de Janeiro: Museu do Índio, 2018.

mulher, que além de dar à luz os dias, acorda antes de todos, que fornece o fogo que alimenta as panelas que, por sua vez, cozinham o alimento das famílias, que fermenta no interior escuro da terra os vegetais como a macaxeira, a mandioca ou aipim, base da alimentação indígena dos povos daqui. Em histórias contadas pelos anciãos, é Sol que dá as formas da mulher que irá gestar o clã Makunaimî, o grande pajé e criador de muitas coisas importantes como o próprio monte Roraima.

Mas, mesmo sendo essa luz que ajuda a espalhar seus raios dourados pelo lavrado, vegetação típica daqui, sendo mulher, sua voz, assim como a de muitas outras mulheres indígenas, foi silenciada e, por isso, escolhi cantar e escrever Wei e as mulheres com minha voz e minha letra. É comum ainda hoje ouvir que "minha avó foi pega a laço" para justificar e quase se redimir da presença indígena na genética da população brasileira. Contudo, isto revela como o estupro de mulheres, a exploração de sua força de trabalho, a conversão compulsória ao cristianismo foram violências que tentaram circunscrever lugares para essas mulheres que se limitavam aos serviços domésticos e cuidados familiares. Tudo isso ainda hoje se traduz em números e estatísticas que colocaram Roraima nos primeiros lugares de ranking de feminicídios e violência contra a mulher, como já denunciados no Mapa da Violência de 2015, desenvolvido pelo ONU Mulheres,[2] e pelo Atlas da Violência 2019, pelo Instituto de Pesquisa Econômica Aplicada (Ipea).[3] Vale a pena lembrar que, mesmo nesses dados, a presença da mulher indígena não é descrita, embora a população feminina indígena seja expressiva no estado.

Mas esqueceram que, assim como não se pode deter um raio de sol nas mãos, não se poderia silenciar definitivamente as vozes dessas mulheres. Desse modo, elas continuaram dizendo, não apenas com palavras cantadas, contadas ou de cura, mas com suas artes de trançado, de pintura, bordado e outras artes. E a escrita passou a ser outra, diferente dessas formas de falar silenciosamente, mas capazes de fazer nossas vozes chegarem mais longe, potencializá-las.

Embora a letra alfabética e a escrita tenham chegado às Terras de Wei a partir dos séculos XVI e XVII com os europeus que buscavam aprisionar indígenas para a mão de obra escrava ou de matérias-primas, ela só foi acessível aos povos indígenas muito tempo depois e só se consolidou com a promulgação da Constituição Federal de 1988, depois que muitas lideranças indígenas em Roraima começaram a se articular em movimentos na década de 1970, unindo-se a lideranças de outras regiões do país e, por fim, dando forma à mais cidadã de nossas constituições.

2 Disponível em < www.onumulheres.org.br/wp-content/uploads/2016/04/MapaViolencia_2015_mulheres.pdf>. Acesso em mar. 2023.

3 Disponível em <www.ipea.gov.br/atlasviolencia/download/19/atlas-da-violencia-2019>. Acesso em mar. 2023.

As histórias, os cantos e as palavras de cura agora andam juntos com as palavras que denunciam as atrocidades vividas ainda hoje resultantes de ideias que reforçam o pensamento de que não existem mais indígenas, de que seu lugar é na floresta ou, como dizem, "no meio do mato". Ideias que ganharam representatividade e legitimação com o desgoverno Bolsonaro (2018–2022) e acabaram atingindo duplamente as populações indígenas levando em conta o negligenciamento com relação à condução da pandemia, que vitimou a população indígena, sábios e sábias como Vovó Bernaldina, que publicou *Cantos e encantos: Meriná Eremu* (2018); e legou ao mundo as terríveis imagens de anciãos e crianças esquálidas vítimas da terrível desnutrição que o garimpo e a falta de serviços básicos geraram entre o povo Yanomami.

Então, chegamos aqui e dizemos que não apenas existimos como estamos em todos os lugares e temos esse direito, inclusive na literatura, escrevendo, ensinando, fazendo arte, reencantando o mundo. E convidamos à escuta e leitura sensíveis para que possamos ampliar esses espaços de modo que todas mulheres, em especial, possam fazer parte desta grande roda de dança, assim como considero ter sido a experiência de participar do Um Grande Dia com outras escritoras indígenas, negras, LGBTQIA+ daqui de Roraima e de outros rincões deste país.

Que as vozes e escritas de outras mulheres possam passar pelas nossas vozes e que assim possamos cada vez mais incendiar os sóis que habitam os corações de outras mulheres. Quem sabe então possamos fazer a roda dos dias girarem novamente, estendendo nossas vidas sobre este planeta.

Sony Ferseck ou Wei Paasi, pertence ao povo indígena Macuxi. É poeta, escritora, palestrante, pesquisadora. Doutoranda em Literatura pela Universidade Federal Fluminense (UFF), mestre em Literatura, Artes e Cultura Regional e graduada em Letras/Inglês pela Universidade Federal de Roraima (UFRR). Autora de *Pouco verbo* (2013), *Movejo* (2020) e *Weiyamî: mulheres que fazem sol* (2022). Cofundadora, com Devair Fiorotti, da primeira editora independente de Roraima, Wei Editora, voltada para a publicação de autores indígenas.

Nós estivemos na feira E-cêntrica que reuniu artistas independentes, editoras e autores em Goiânia no dia 11 de junho de 2022. Era uma tarde nublada e atípica.

A princípio, tive receio de não encontrar outras autoras para o registro da foto. Acreditava que apenas três mulheres que já conheço compareceriam. Tomei conhecimento do projeto de última hora e foi apenas um dia antes do evento que entrei em contato com duas escritoras que me ajudaram imensamente nesse encontro: Larissa Mundim, autora e proprietária da editora Nega Lilu; e Larissa Brasil, companheira de escrita. Juntas, convocamos as autoras presentes no evento para se reunir na escadaria principal da Vila Cultural Cora Coralina em frente ao Bibliofuscoteca, projeto de biblioteca itinerante idealizado por Thaise Monteiro. Falamos ao microfone e fomos ouvidas. Foi lindo perceber que as escritoras se apresentavam, timidamente, nos degraus, como se um sinal fosse tocado e aquelas que há tanto tempo produzem nas sombras saíssem para o sol do reconhecimento.

Por fim, a foto reuniu onze escritoras, o que representa muito, tendo em vista a timidez com que a cena literária de Goiânia cresce. Há muitas de nós, embora ainda estejamos escondidas, seja nas conchas intelectuais da Academia, seja nas conchas pessoais das próprias casas. Somos muitas e foi animador conhecer autoras de diversos gêneros literários na cidade em que nasci e cresci. Esse momento inesquecível de reconhecimento nos motivou a continuar escrevendo e a unir ainda mais as mulheres que escrevem em nossa cidade.

Larissa Prado

Alda Alexandre
Âmbar Pictórica
Helena di Lorenza
Larissa Brasil
Larissa Mundim
Larissa Prado
Leticia Lutiê
Lidiane Carolina
Susana Santos
Tarsilla Couto
Telma R. Maia

Vila Cultural
Cora Coralina
Foto: Layza Vasconcelos
11 de junho de 2022

Goiânia, GO

Ana Anspach
Ana Cleia
Ana Cristina Tracaioly
Angela de Carvalho
Angela Nunes
Anita Garibaldi
Annie de Carvalho
Carla Nobre
Cecília Lobo
Cláudia P. N. Almeida
Cleide Dias
Esmeraldina
Graça Senna
Iramel Lima
Jaciara Martins
Lívia Verena
Madame Jô
Marcia Galindo
Maria Ester
Marina Brito
Mary Paes
Negra Áurea
Neth Brazã
Pat Andrade
Roberta Amorim
Rute Xavier
Zany Vasconcelos

Rio Amazonas
Foto: Jhon Studio
12 de junho de 2022

O dia 12 de junho de 2022 foi realmente um grande dia. Vi o chamado nas redes sociais e não pensei duas vezes: faria aquela foto mesmo que fosse sozinha. Então, lancei o convite às escritoras da cidade com quem eu tinha contato mais próximo e, assim, “de zap em zap”, formamos o grupo “foto histórica”. Em dois dias, estávamos às margens do majestoso rio Amazonas para fazer o nosso registro. Vinte e sete escritoras aceitaram o chamado. Uma quase frustração veio ao nos depararmos com a maré seca; mas foi o jeito lindo do maior rio do mundo nos acolher como quem diz: “Mulheres escritoras do meio do mundo, sequei o rio para encher com as vossas palavras!”. Foi lindo, emocionante, reflexivo e, sim, foi um dia histórico para nós.
Rute Xavier

Vinte e quatro mulheres encasacadas aparecem nas fotos tiradas naquele 12 de junho de 2022, Um Grande Dia para Escritoras, em Cuiabá. A cidade, conhecida pelas altas temperaturas, amanheceu tomada por um frio incomum no domingo escolhido para os registros. Apesar disso, nos fizemos presentes com sorrisos, animação e abraços que rapidamente espantaram o frio.

Tombado como patrimônio histórico e cultural de Mato Grosso, o Palácio da Instrução, inaugurado em 1914, foi o local escolhido como cenário para a foto histórica. O prédio é administrado pela Secretaria de Cultura, Esporte e Lazer (Secel-MT) e sedia atualmente a Biblioteca Pública Estadual Estevão de Mendonça.

Mais do que escrever, nós, que vivemos distantes dos grandes centros, temos o desafio de "furar a bolha". Nesse ponto, participar do evento Um Grande Dia foi abrir um mapa, pegar um alfinete e cravá-lo na nossa cidade, no nosso estado, como se disséssemos: "Aqui se produz literatura de qualidade, aqui vivem mulheres que escrevem e fazem da literatura um caminho de vida, estamos presentes, fazemos parte, ocupamos esse lugar". O movimento aproximou mulheres, propagou vozes e tem favorecido o surgimento de outros projetos.

Nunca foi um simples registro, uma mera fotografia. Sinto que o movimento foi um convite para que leitores, escritores, editores, críticos e estudiosos conheçam os rostos dessas mulheres e, mais que isso, estejam atentos às palavras que nascem através delas.

Aquele domingo mostrou o quanto nossa escrita é revolucionária e pode nos levar além.

Larissa Campos

Palácio da Instrução
Foto: Karen Malagoli
12 de junho de 2022

Andreza Pereira
Ângela Coradini
Cláudia F. Dorst
Cristina Campos
Dejenana K. O. Campos
Diná Vicente
Divanize Carbonieri
Érika Gentile
Faena Fernandes
Fernanda Maluf
Irene S. Rezende
Janete Manacá
Larissa Campos
Lígia Viana
Mari G. de la Cruz
Maria T. Azevedo
Marli Walker
Neide Silva
Neusa B. Pinto
Sidnalva Serra
Stéfanie Sande
Stela O. da Silva
Tayná Meirelles
Valdira F. S. Santos

No início de junho, recebi via mensagem direta, além de ser marcada em vários posts no Instagram, a chamada: Um Grande Dia para as Escritoras. Fiquei feliz, mas ao mesmo tempo triste, pois estava em viagem de carro com meu marido em direção ao norte do Chile. No domingo, 12 de junho, acompanhei, via aplicativo, todo o movimento e tive um siricutico querendo participar. Mas como, se estou sozinha no meio das montanhas em Volcán, Jujuy, na Argentina?

No horário da foto oficial em São Paulo, gritei para o desfiladeiro de montanhas da porta de minha cabana: "Tem mais alguma escritora aqui?". Minha voz ecoou e Totsi, um vira-lata caramelo de Guadalupe, amiga de Rodrigo e proprietária do El Caserio que nos hospedava, veio em resposta. Pedi a Lupe uma folha de papel branca, e, com caneta vermelha, escrevi: escritora brasileira em Jujuy! Peguei meu exemplar do *Marinheira de açude*, lançado no mesmo ano e, vestindo meu gorrinho vermelho e corta-vento azul pra combinar com o soalheiro do céu, me agachei ao lado de Totsi, que sorriu para o retrato.

A despeito de estar sozinha, mandei a imagem via WhatsApp para Giovana, que postou assim: "Até a foto menos prestigiada do nosso movimento foi maravilhosa hahahahahahaha".

Quando escrevo, na maioria das vezes, a única companhia é a minha cadela Malu, embaixo da minha cadeira. Por isso, achei simbólico ser fotografada com essa vira-lata, já que, talvez, muitas outras escritoras escrevam na companhia de um gato, cachorro ou até mesmo um filho no colo. De alguma maneira, estava e estamos juntas.

Michelli Provensi

Volcán (Jujuy)
Foto: Rodrigo Petrella
12 de junho de 2022

ESCRITORA
BRASILEIRA
em
JUJU

Chegamos em cima da hora, mas nem por isso nos intimidamos. A cidade de Arcoverde, em Pernambuco, se fez presente nesse movimento histórico, Um Grande Dia para as Escritoras, em que centenas de mulheres da literatura se reuniram em várias cidades do país para mostrar a força de suas palavras. No Sertão pernambucano não poderia ser diferente. O encontro foi na Estação da Cultura, local que é um símbolo de resistência e de transformação social pela arte.

Temos uma grande diversidade de escritoras maravilhosas, mas o mês de junho em Arcoverde é atípico, muita agitação e correria para produção multicultural do melhor São João do Brasil e claro que também muitas pessoas aproveitam o clima para viajar. Em 2022, o período foi ainda mais atípico, pois era o primeiro ano depois da pausa obrigatória causada pela pandemia de Covid-19. O desejo de reencontrar amigos e familiares nessa grande festa nordestina era surreal. Naquela semana em que a foto foi feita, eu mesma estava fora da cidade. Mas sabia que não se tratava de uma simples foto; Um Grande Dia deixaria registrado que as mulheres do portal do sertão pernambucano escrevem, recitam e sonham. Muitas de nossas irmãs da literatura, no entanto, não puderam se fazer presentes. Seus rostos podem até não aparecer na foto, mas suas palavras seguem ganhando força pelo universo nessa sintonia de tomada de consciência do poder do feminino e da nossa escrita.

Alba Chalegre

Andreza K. da Silva
Déa Lúcia Brito
Irailda L. de Carvalho
Ludmila B. Torres
Maria Victoria N. de Lima
Martha Q. S. de Brito

Arcoverde, PE

Estação da Cultura
Foto: Amannda Oliveira
12 de junho de 2022

A POSSIBILIDADE DE NOS PERCEBERMOS E NOS RECONHECERMOS COMO MULHERES ESCRITORAS.

A antiga estação ferroviária, hoje Estação da Cultura, espaço de resistência e produção cultural de Arcoverde, foi o lugar escolhido para a foto do Um Grande Dia para as Escritoras. Por motivos diversos, soubemos que algumas escritoras não poderiam estar presentes fisicamente no dia do encontro. Mas ele aconteceria. Quando cheguei ao local com a minha mãe, outras mulheres já nos esperavam. Meu coração batia forte e animado para sentir e vivenciar aquele momento. Ao mesmo tempo, um questionamento não saía da minha cabeça: será que sou escritora? E, em meio a um turbilhão de sentimentos, me lembrei que, desde a adolescência, eu escrevia em cadernos, agendas e diários. Hoje, aos 43 anos, continuo escrevendo tanto nos cadernos, agendas e diários como também nas redes sociais e mesmo sem ter "ainda" um livro publicado, posso dizer que sim sou escritora! Um Grande Dia ficará guardado em nossas lembranças como um acontecimento cheio de significados, cheiros e sabores, além de muita poesia. Realmente, um grande dia que segue proporcionando a possibilidade de nos percebermos e nos reconhecermos como mulheres escritoras.

Déa Lúcia Brito

Escadaria da UNIR
Foto: Helena Fernandes
12 de junho de 2022

Ana Paula de S. Dantas
Auxiliadora dos S. Pinto
Bethânia M. da S. Santos
Celia C. M. de Oliveira
Cledenice Blackman
Elaine M. S. Rosa
Eva da S. Alves
Francisca L. S. Ferreira
Ivete de A. Freire
Izabela Lima
Janaína K. L. Chaves
Jaquelene C. de Souza
Luciana Rebouças
Márcia Aguiar
Márcia Letícia Gomes
Maria Rita B. de Oliveira
Pâmela F. Filipini
Patrícia P. da Silva
Roziane da S. Jordão

AOS POUCOS, AS MULHERES FORAM SE APROXIMANDO, LIVROS NAS MÃOS, SORRISO NO ROSTO. TODAS NÓS ESCRITORAS NOS APROPRIANDO DESTE "SER" – QUANTO CUSTOU A CADA UMA "SER ESCRITORA"?

Pela primeira vez mulheres que escrevem em Rondônia se reuniram para uma sessão de fotos que ocorreu na cidade de Porto Velho, na manhã ensolarada do dia 12 de junho de 2022. Antes disso, Izabela Lima criou uma arte bem bonita para convidar as demais escritoras que estivessem pela cidade ao nosso encontro nas escadarias da Universidade Federal — cenário escolhido por sua localização no centro da cidade e por ser espaço de sonhos de todas nós. Chegamos bem cedo, animadas e ansiosas. Será que muitas viriam? Quantas seriam? Quem seriam elas?

Nesta ação, tivemos a parceria das fotógrafas Ingrid Brizard e Helena Fernandes, que trabalharam voluntariamente, trouxeram seu olhar sensível e seu bom humor para o nosso grupo. Aos poucos, as mulheres foram se aproximando, livros nas mãos, sorriso no rosto. Todas nós escritoras nos apropriando deste "ser" — quanto custou a cada uma "ser escritora"? Várias histórias, encontros, reencontros, aproximações. Professoras e pesquisadoras com muitos anos de universidade, jovens cheias de energia e dores, mulheres do Norte e mulheres que se encontram neste Norte multifacetado e acolhedor — cabemos todas aqui! Registramos fotos do grupo, com seus livros, com seus risos, com seus sons; fotos individuais e, no olhar, um sentimento de pertencimento, de estarmos pela primeira vez nos reconhecendo enquanto mulheres que escrevem.

A realização da fotografia nos permitiu estreitar laços, nos articular como grupo, sonhar juntas, promover outros espaços de cultura e de encontro. Aqui, neste extremo do Brasil, fazemos literatura, costuramos palavras, enfrentamos dores e nos acolhemos. Sabemos que nossas palavras precisam viajar um pouco mais e, estando juntas, nossa força é maior.

Márcia Letícia Gomes e Izabela Lima

A literatura é um campo de disputas. Para nós, mulheres, foi e ainda é um espaço ocupado pelo grito, pelo poema protesto, pelo rasgo do corpo, pela força da diversidade, pela luta antirracista e contra o discurso hegemônico da branquitude. Uma foto jamais conseguirá garantir que, verdadeiramente, todas as mulheres que escrevem no campo literário estejam representadas em São José do Rio Preto, SP — uma cidade atravessada pelo conservadorismo, que continua silenciando vozes de resistência.

Ainda assim, em frente à Biblioteca Municipal, a foto aconteceu. Era um dia de sol tímido para uma cidade que costuma sufocar de calor. Agradeço às mulheres que conseguiram estar presentes e às que não estiveram também, porque sabemos que a escrita é um fazer-existir de todos os dias. Desejo que o movimento Um Grande Dia para as Escritoras reverbere e possa ser renovado e ocupado por cada vez mais mulheres que fazem e continuarão a fazer história.

Mariana Sato dos Reis

Biblioteca Municipal
Foto: Ana Paula Polachinni de Oliveira
12 de junho de 2022

São José do Rio Preto, SP

Ana Carolina P. André
Ana Paula P. de Oliveira
Creuza Arruda
Cristiane Calvo
Elaine Barbosa
Fabiana M. Abranches
Giselle M. A. Lemos
Josiê Moraes
Loreni F. Gutierrez
Luana Passos
Lucila T. P. Conte
Lucimar de F. Canteiro
Lucimara P. dos S. Benatti
Mariana Sato dos Reis
Nelsi Calazans
Niminon Pinheiro
Priscila Topdjian
Roselis Batistar
Samira Camargo
Santa Catarina
Sueli A. Pereira
Yasmin Cruz
Yolanda M. L. Rebelato

Teatro de Santa Isabel
Foto: Roberto Jaffier
12 de junho de 2022

Aline C. P. Saraiva
Ana Maria César
Ana Paula Almeida
Andréa Botelho
Andrea Nunes
Argissa Pereira
Bernadete Bruto
Camilla Inojosa
Cida Pedrosa
Cleide Lima
Conceição Rodrigues
Cris Prates
Deanna Ribeiro
Eugênia Menezes
Fátima Militão
Fatima Pinheiro
Fátima Soares
Flávia Gomes

Recife, PE

Flávia Suassuna
Geórgia Alves
Inaldete P. de Andrade
Isabelly Silva
Jaqueline Fraga
Juliana A. Cordeiro
Karine Asth
Leila Arruda
Lileth Drummond
Luciana Moura
Margarett L. de Oliveira
Mari Bigio
Maria J. de Arimatéia
Marina Lima
Neide G. Paranabuko
Odailta A. Escritora
Pollyanne Carlos
Raiza Milfont
Raldianny P. dos Santos
Rejane Paschoal
Renata Pimentel
Renata Santana
Rosália Cristina
Salete R. Barros
Silvana Menezes
Socorro Miranda
Sônia Bierbard
Sulamita Esteliam
Taciana Valença
Tamires Drielly
Zuleide Lima

AS MULHERES PRECISAM E PODEM OCUPAR JUNTO À ARTE DA PALAVRA COM OS SEUS DIZERES DIVERSOS, ROMPENDO COM A ESTRUTURA PATRIARCAL QUE QUER SILENCIAR A POTÊNCIA DAS NOSSAS ESCREVINHAÇÕES.

Em Pernambuco, fizemos um mergulho nas muitas territorialidades do estado, do sertão ao litoral. Partindo das escritoras de Bodocó, sertão do Araripe, aportamos nas margens do São Francisco, em Petrolina. Caminhando pelas estradas, chegamos a Triunfo, sertão do Pajeú, onde cruzamos as linhas da geografia, passando na Arcoverde do Moxotó. São tantos os sertões.

Nas cercanias do agreste, passamos por Garanhuns e Caruaru para um mergulho neste mar território de pouso: Recife e também Olinda.

Vozes de mulheres que resolveram dialogar com o mundo por meio da literatura. Uma capacidade de criação indescritível. Arte e vida, arte e política, arte e representatividade.

No Recife, escolhemos o Teatro de Santa Isabel para nossa base de acolhimento. A cada minuto, elas chegavam: abraços e sorrisos, abraços e poemas, abraços e prosas em uma manhã ensolarada. Encontros que somente a literatura poderia jorrar. Olhares e fotos. Festa e pulsação. Naquele dia, a Recife dentre rios se encheu de felicidade, orgulho e resistência. Um dia pra não esquecer!

Um dia para repensarmos o espaço que as mulheres precisam e podem ocupar junto à arte da palavra com os seus dizeres diversos, rompendo com a estrutura patriarcal que quer silenciar a potência das nossas escrevinhações.

Senti falta de muitas escritoras que não puderam estar presentes por diversos motivos e que depois conversaram comigo sobre a vontade de terem participado. Ao mesmo tempo, tivemos gratas surpresas ao nos encontrarmos com uma galera nova de idade e de escrita, o que nos mostra o quanto esse espaço de conquistas se agiganta a cada ano.

Foi um dia lindo! De sol e solitude. De encontros e afetos. De construção de um novo tempo em que as nossas palavras são terra e lastro para uma nova literatura.
Cida Pedrosa

Agnes Nagashima
Amanda Crispim
Amanda Damásio
Ana Paula Barcellos
Ana Valéria Fernandes
Andrea F. Bertoncini
Arleide G. de Faria
Barbara Marques
Beatriz B. y Rebollar
Camila Mossi
Célia Musilli
Dany Fran
Ellen Cristine
Emmanuella Denora
Erika Pelegrino
Fernanda Avila
Fernanda Magalhães
Franciela Zamariam
Isabela Cunha
Jackie Rodrigues
Janete El Hauly
Karen Debértolis
Kelly Shimohiro
Layse Barnabé de Moraes
Lucia M. F. Alves
Magda M. P. Tuma
Maria Angelica Constantino
Maria Cristina M. Matias
Maria Helena de M. Arias
Mariana B. Moraes
Mariana Franzim
Marília Ferraz
Mira Roxo
Patrícia Zanin
Rosana V. Silveira
Samantha Abreu
Sandra M. Coelho
Tacyana Muniz
Tainara Maia
Tais Oya
Vanessa Yida
Vanira T. Codato
Viviane Alexandrino
Vizette Priscila

Se tem uma coisa que a mobilização para a foto das escritoras de Londrina nos ensinou foi que a palavra-chave para a escrita das mulheres é encorajamento. Recebemos muitas mensagens de mulheres se questionando se eram ou não escritoras, se a presença delas cabia ou não na foto. É muito difícil se dizer escritora. E é preciso, cada vez mais, reivindicar esse lugar para além das legitimações externas. Ser escritora e sentir a força dessa afirmação sendo ecoada coletivamente, por meio da fotografia, dá coragem para enfrentar esse ofício de frente.

Por isso, a ideia desse registro é revolucionária — porque nos convoca a lidar com nosso desejo de escrever e afirmar isso

publicamente, colocando o nosso corpo no mundo. Corpos diversos, perpassados pela palavra, ocupando a escadaria do prédio da Biblioteca Pública Municipal de Londrina, no centro da cidade, em um dia frio. Com certeza, a primeira vez que aqueles degraus foram tomados somente por mulheres, com seus corpos-palavra.

A timidez, o encontro efusivo, as trocas de livros, o aconchego ao sol, a conversa posta em dia permearam os momentos antes do clique. A bela imagem de um bando de mulheres atravessando a rua que separa o bosque central — em que se guarda a história vegetal dos primórdios da cidade — do prédio da biblioteca.

Todas as mulheres em sua diversidade de idade, cabelos, sapatos, caminhar, palavras, estilos literários, formatos de textos. E os seus sorrisos iluminando a fotografia.

Karen Debértolis, Layse Barnabé de Moraes e Samantha Abreu

Biblioteca Pública
Foto: Fernanda Magalhães
12 de junho de 2022

Adelaide Strapasson
Adriana B. Almeida
Adriana Sydor
Alana Milcheski
Aline Reis
Amanda Zanluca
Amélia S. Corrêa
Ana Araújo
Ana Artigas
Ana Cardoso
Ana Johann
Andréa Berriell
Angélica R. Kauffmann
Anna Beatriz Paula
Ariane Hidalgo
Aura Grube
Barbara Lia
Bárbara M. Wieler
Bebeti do A. Gurgel
Carin Lorenzo
Carla Ramos
Carol Sakura
Cassiana Pizaia
Daiane Pereira
Daniela Silva
Daniélle Carazzai
Deise Warken
Edra Moraes
Elciana Goedert
Eliane Klein
Eliege Pepler
Elizabeth I. Espinosa
Eneida D. Salgado
Fernanda Avila
Fernanda Magalhães
Fernanda Morishita
Flávia G. Nascimento
Flávia Schiochet
Flor Reis
Francine Cruz
Gisela M. Bester
Helen de Aguiar
Iamní
Iraci Saboia
Iris K. Bigarella

Ivone Souza
Izabel da Rosa
Jandyra M. Kondera
Jaqueline B. Silva
Jeane Imthon
Jô Bibas
Jô Pesuschi
Josiane Orvatich
Juliana F. de Almeida
Julie Fank
Karoline Nogueira
Larissa Kautzmann
Larissa Lima
Laura B. Galerani
Laura Marafante
Laura Monte Serrat
Lilia Souza
Lu Cañete
Luciana E. Romagnolli
Luiza Kons
Marcia Boroski
Marcinha Girola
Maria Carolina Scherner
Maria C. Corrêa
Maria Helena Macedo
Mariana Sanchez
Mel
Miriam Adelmam
Mônica M. Harger
Mylle Pampuch
Nanci Reis
Nanna Ajzental
Nayara C. Rosolen
Pagu Leal
Patricia Finamori
Patricia Papp
Raphaela Corsi
Raquel M. Mestre
Regina B. J. Wolf
Regina Miranda
Rita L. e Silva
Rosana Felix
Rose Leme
Silvana Nakamori
Silvia Valim

Biblioteca Pública
do Paraná
Foto: Dani Durães
12 de junho de 2022

Simone Mattos
Sonia B. Wolff
Susana Giraldi
Tereza Karam
Terezinha A. H. Bley
Verginia Grando
Vilma Aguiar
Wal D. Molin
Zoraia Santos
Zoraide Elisabeth

Era uma manhã gelada, como costumam ser as manhãs de junho em Curitiba. O termômetro marcava 5°C às 10h, horário combinado para o encontro nas escadarias da Biblioteca Pública do Paraná. Antes da hora marcada, as escritoras começaram a chegar, ainda tímidas — muitas tinham dúvidas se poderiam estar ali. As que tinham livros impressos traziam exemplares debaixo do braço — mesmo que autopublicado, mesmo que seu livro ainda estivesse no prelo, mesmo que só tivessem escrito para blogs, mesmo que nunca tivessem se autodenominado escritoras. Vinham de touca, cachecol, luvas, casacos pesados; sozinhas ou em grupo; eram amigas, mães e filhas, netas e avós, companheiras, colegas de profissão, parceiras de coletivo.

Amizades novas começaram ali e as antigas foram celebradas com abraços saudosos. Mulheres de todas as idades trocaram livros, afetos e contatos. A escritora de nove anos conheceu a de 99. Vimos às pressas o movimento nascer e foi tão bonito. Começamos a planejar no domingo anterior ao dia 12 — a Dani Durães já aceitava o convite para fotografar o grupo e o local estava definido e autorizado pelo diretor da Biblioteca, Luiz Felipe Leprevost, poeta e parceiro. O tempo foi curto para mobilizar tanta gente e, mesmo assim, tivemos lá 101 mulheres que escrevem compartilhando a felicidade de fazer parte de um movimento imenso, potente e libertador.

Daniélle Carazzai, Fernanda Avila e Patricia Papp

CCBB Belo Horizonte
Foto: Liliane Pelegrini
e Daniele Fagundes
12 de junho de 2022

Acácia Louback
Adelita Siqueira
Adriana Agostini
Adriana Figueiredo
Adriana L. S. L. Rodrigues
Aidecir Faria
Aiezha
Alê Teles
Aline Ottoni

Amanda Magalhães
Amanda Ribeiro
Amanda Rosa
Amarilis B. da Silva
Ana Amélia Paolucci
Ana Andrade
Ana Carolina M. Barbosa
Ana Clara M. Moura
Ana Deister
Ana Paula C. Arruda
Ana Paula Dacota
Ana Paula M. A. de Carvalho
Ana Paula Rocha
Ana Teles
Ana Valesca Fernandes
Angelica Nogueira
Anna Gontijo
Anna Cláudia Eutrópio
Bárbara Braga
Bárbara Buzatti
Bárbara Reis
Bárbara Vee
Bianca Monteiro
Biláh Bernardes
Bruna Rezende
Cami Bonfim

Camila Dió
Camila do C. Seixas
Camila Duarte
Camila M. Rosa
Carina S. Gonçalves
Carla Guimarães
Carol Prado
Carolina Dantas
Carolina de R. Lima
Carolina Lentz
Carolina M. Ferreira
Carolina Pavan
Cecília Heringer
Christianne Luce Gomes
Clara Blue
Clara Feldman
Clara Lins
Cláudia G. Alvarenga
Cláudia Gabriel
Constança Guimarães
Cris Mendonça
Cris Pàz
Cristiana Rodrigues
Cristina R. de S. Prata
Daniela Laubé
Daniela Lima
Daniele Fernandes
Daniella Zupo
Danielle Monteiro
Deborah R. Sousa
Denise Bulgarelli
Denise Morais
Denise Prado
Diléa Pires
Dina M. de Souza
Edna B. de Souza
Elaine Cristina
Éle Fernandes
Eliane C. Vilassanti
Élida F. Martins
Eneida Ávila
Eni de O. Fantini
Erica Toledo
Ester Costa
Fátima Sampaio
Fernanda Fehlberg
Fernanda Lúcia
Fernanda M. Lanza
Flávia R. C. Sarmento
Flavia Vilhena
Francine Poeta
Gabriela O. Penna
Gaby Andrade
Gau de Laet
Geanneti T. Salomon
Geisa Buzelin
Gisele Motta
Gisely Poetry
Glaura Santos
Glória Moyle
Gracia M. Circunde
Hamanda Z. Buchacra
Hanna Meirelles
Hannah Abranches
Haueisen Figueiredo
Helena K. Pereira
Helena S. Aphonso
Ilma Pereira
Inês Campos
Isabella Bettoni
Isabelle Scalambrini
Ivana Vilela
Iza Haddad
Jalmelice Luz
Janeth V. da Silva
Jerusa Furbino
Jessica R. Souza
Jéssica Rodrigues
Jô Diniz
Joana Lopes
Julia C. P. Campanha
Júlia J. Sampaio
Júlia R. Borges
Juliana Garcia
Juliana Ramos
Junia S. Martins
Karol S. Moreira
Laís Vilaça
Lara de Paula
Lavínia Rocha
Leida Reis
Leíner Hoki
Letícia Finamore
Liliane Martins
Lívia Cordeiro
Lorena Malone
Luciana A. C. Coelho
Luciana M. Freitas
Luiza C. da Fonseca
Luiza Camisassa
Luiza Marilac
Luly Lage
Madalena Coelho
Madu Costa
Maisa Dias
Maizé Trindade
Marcela Dantés
Márcia Ambrósio
Márcia Araújo
Márcia Cruz
Márcia Francisco
Mari Antoniazzi
Mari Tibo
Maria Antônia C. Moreira
Maria Beatriz F. Alves
Maria Beatriz M. dos Anjos
Maria Claudia Carvalho
Maria D. A. R. Arce
Maria de F. Q. C. Maia
Maria do Carmo O. M. Santos
Maria F. Bastos
Maria J. Amorim
Marriene Freitas
Meira Souza
Mhorgana Alessandra
Míria G. de Oliveira
Mônica Baldiotti
Munira Bejjani
Naiara Reis
Naila T. do E. Santo
Nalu Saad
Natália Menhem
Nayara Noronha
Neide Heliodória
Paloma B. Braga
Paula Quinaud
Paula Rodrigues
Rafa Cappai
Rafaela F. Vianna
Rebeca Maia
Regina Boratto
Renata Feldman
Renata Ferreira
Rita A. C. Ribeiro
Rosangela Maluf
Rosângela P. Brêtas
Sandra Safe
Sânia Fagundes
Sara Gusella
Sidneia Simões
Sil Ribeiro
Sophia Nogueira
Stefanie Lima
Tania A. Chaves
Tatiana Bicalho
Thaís Alessandra
Thais A. M. Barros
Thaís Campolina
Valéria M. Sobral
Vanessa do Mila
Vanessa Marques
Vanessa R. Nunes
Vitória Amaral
Vitória M. Rezende
Zoraida Monadjemi

Muitos dirão que foi apenas uma ideia. Não. Não foi apenas uma ideia.

Nunca é apenas uma ideia quando uma mulher chega, olha para baixo, enxerga outras mulheres e estende a mão. Nunca é apenas uma ideia quando mulheres decidem se encontrar numa roda — ou escadaria como aconteceu em Belo Horizonte — para trocar vivências, gargalhadas e lágrimas. Para se verem umas nas outras.

Nunca foi tão boa ideia se emocionar com as coisas.

Nunca foi tão boa ideia se dizer escritora, poeta, escriba, autora, (eu)ditora.

Querer ser o que a gente quer ser. Não soltar mais a mão.

Meu filho mais novo não percebe, ainda, o significado quando diz: "Mamãe, estou emocionante!"; ele não diz "Mamãe, estou emocionado". Ele diz: "Mamãe, estou emocionante", se coloca como parte da ação, ele é ator e objeto.

Um dia quero contar para ele que eu estou emocionante com tudo que aconteceu, desde o dia 12 de junho, no mundo das escritoras, poetas e escribas. Formou-se uma correnteza de mulheres que querem ocupar cada vez mais espaços.

Estamos emocionantes de olhar para cima e ver outras mulheres que já chegaram estenderem a mão umas para as outras. Estamos emocionantes por ter encontrado, numa praça de nome Liberdade, mulheres que escrevem, que acreditam no que fazem.

Somos correnteza.

Queremos escorrer cada vez mais. Queremos deixar que a água ocupe. Cada. Vez. Mais. Espaço.

Porque a água não precisa pedir passagem.

A água contorna.

A água não desiste.

A água até em pedra, faz furo.

Entranha.

Lava.

Lava calçada. Lava praça. Lava degraus. Lava a alma.

A água é emocionante.

Cristiana Rodrigues

Na foto capturada às 11h do dia 12 de junho de 2022, na escadaria do Theatro Municipal do Rio de Janeiro, é possível enxergar uma multidão de mulheres que queriam estar ali. Mulheres que "saíram do armário" com seus livros, sua coragem de colocar em palavras impressões, sensações, fantasias, histórias que tiram seu sono ou que as fazem despertar toda manhã com o sangue circulando muito rápido pelo corpo.

Autoras consagradas, pensadoras admiradas, as que lançaram seu primeiro livro, as que ainda vão lançar, as que vieram sós, as que trouxeram outras. Gente de todos os cantos da cidade, todas as idades, todas as cores e todos os credos, juntas, reunidas, segurando com força suas palavras, sorrindo na esperança de mais reconhecimento e oportunidade.

Apesar das mais de 130 mulheres escritoras registradas na nossa foto, há tantas outras que escrevem e que não compareceram. Mas o simbolismo de reunir uma amostra de escritoras que vêm produzindo o que há de mais pungente no país é um estímulo para continuar escrevendo, vibrando, buscando nosso lugar e questionando as estruturas vigentes.

Torcemos para que, no futuro, esta foto seja um estímulo para meninas e jovens desengavetarem seus escritos e amplificarem suas vozes. Que nunca mais seja necessário que mulheres escritoras usem pseudônimos masculinos ou sejam as anônimas da história.

Luiza Mussnich e Paula Gicovate

Adriana Armony
Adriana Császar
Alê Magalhães
Aline Miranda
Amelie Victoria
Ana Letícia Leal
Ana Sou
Andréa P. Gaspar
Andreia Soares
Anna Claudia Ramos
Antonia Pellegrino
Bárbara Mazzola
Bárbara Spinola Saddy
Bruna Paiva
Carina Bacelar
Carla C. Conteiro

Theatro Municipal
Foto: Monica Ramalho
12 de junho de 2022

Carolina Quintella
Carolina Thomé
Carolina Walliter
Caroline Meyer
Carollina Costa
Ceila M. Ferreira
Celi Luz
Chris Fuscaldo
Christina Autran
Cilene M. Cavalcanti
Clara Mello
Clara Monnerat
Clarice R. da Motta
Claudia Magalhães
Crib Tanaka
Cristiane Oliveira
Cristiane R. de Oliveira
Cristina Fürst
Daniela Muzi
Debora Marinho
Deborah Couto
Denise Salvador
Desirée Simões
Edna R. da S. Queiroz
Elaine P. Silva
Eliana Alves Cruz
Eliana M. Chiossi
Eliza Araújo
Erica Alves Gil
Eunice Gutman
Fania Benchimol
Fernanda Lemos
Fernanda Santos
Gabriele B. R. Moreira
Gabriella de J. Moreira
Gabriella Vicente
Georgia Barcellos
Georgina L. Annes
Glaucia Batista
Helena Machado
Hildebranda
Iana Villela
Ira Etz
Isa Martins
Isabel Lenzi
Isabelle Borges
Janaína Nascimento
Janda Montenegro

O tempo pode ser cruel e implacável, mas ao mesmo tempo tremendamente mágico. Cinco séculos. É este o peso do tempo até o clique que imortalizou a imagem de escritoras, em especial escritoras negras, na escadaria do Theatro Municipal do Rio de Janeiro. Inspirado na Ópera de Paris, o teatro está no "combo" de construções da antiga capital do país que de tudo fizeram para afastar a nação o mais que pudesse da África e deixá-la cada vez mais um arremedo de Europa.

A considerar que em séculos passados as antepassadas das escritoras fotografadas não podiam usar sapatos ou caminhar nas calçadas, sentar-se na escadaria erguendo um livro de autoria própria pode ser considerado uma revolução. O fruto de uma revolta silenciosa, erguida em soluços e silêncios, de vontades frustradas e sonhos impossíveis. Cada livro nesta foto é um brado de vitória e um manifesto de liberdade endereçado ao futuro. A foto das escritoras é tempo se manifestando em toda a sua magia.

Eliana Alves Cruz

Jessica Z. de Andrade
Joana Contino
Julia Wähmann
Juliana Berlim
Juliana Leite
Juliana Souza
Kamilla Siciliano
Kelly Martins
Leila Loureiro
Letícia Maia
Lilian Maial
Lívia Aguiar
Lucia Bettencourt
Lucia E. F. Leite
Luciana Figueiredo
Luciane M. Ceccopieri Belo
Luiza Mussnich
Luiza S. Vilela

Theatro Municipal
Foto: Monica Ramalho
12 de junho de 2022

Luizza Milczanowski
Maíra Gomes
Maíra Motta
Mar Martins
Marcelle Azevedo
Márcia Pereira
Margarete Amaral
Mari Sang
Maria Cecilia Brandi
Maria Inez Turazzi
Maria Lutterbach
Maria Rezende
Mariana Filgueiras
Marilia Passos
Meg Antunes
Mercia Pessôa
Mônica A. de C. Seixas
Nayara de S. Gomes
Nubia M. Santos
Patrícia Chirico
Patrícia S. Lima
Paula Ferraz
Paula Gicovate
Renata Araújo
Renata Corrêa
Renata Del Vecchio
Roberta R. S. Fumero
Rosana Caiado
Rosane de A. Barbosa
Rose Lima
Sabrina M. Nóbrega
Salma Soria
Sandra Branco
Sayonara Salvioli
Silvana Huguenin
Sílvia Barros
Solange Padilha
Soraya Jordão
Stella M. Rezende
Susana Fuentes
Suzana Velasco
Tamires Borges
Tamires Coutinho
Tammy Luciano
Tarisa Faccion
Tássia Hallais
Teresa Dantas
Thainá S. S. Briggs
Thereza C. R. da Mota
Tité de Lamare
Valéria Fernandes
Valesca Lins

Numa sexta-feira sepulcral, por volta das 21h45, alguém compartilhou sobre o evento Um Grande Dia para as Escritoras no grupo de WhatsApp do Leia Mulheres Franca. Soraia Veloso me acendeu a lâmpada do peito com a frase "podíamos organizar a foto por aqui". "Poder", palavra transeunte entre verbo e substantivo: uma espécie de ressureição.

Sob o manto do chuveiro da casa de minha mãe, no cômodo neblinado, translucidava em mim o desejo de flexionar aquele verbo: "Soraia, vamos mesmo?". Diante de nós, havia menos de 48 horas para encontrar uma fotógrafa e um local disponíveis e, além disso, divulgar a ideia. Tempo suficiente para morrer outra vez.

Vamos, ela pronto disse, e fomos. De mãos dadas com Bárbara Rosa, Perpétua Amorim e o Leia Mulheres Franca, aconteceu: vinte mulheres escritoras e uma foto. Vinte mulheres: escritoras.

Fomos todas, de alguma forma — até as que não puderam ir. Fomos todas, carregando nas mãos do medo a frase "nem sei se eu deveria estar aqui". Ancoramos nos bastidores a lente da câmera, chegamos só depois de conseguir pôr a cria para dormir, enfrentamos carros teimosos, atravessamos noites insones, fotografamos os filhos no peito, saímos apressadas para o almoço em família. Ganhamos a rua, paramos o trânsito, gritamos palavra.

Fomos todas: as vinte mulheres que existem no mundo inteiro.

É março de 2023 e sigo lavando meu corpo, esfregando da pele a tinta quase permanente do não que nos engaveta em palavra e pulso. De tudo o que vivi, a maior das certezas: "poder" tem muito mais sentido no coletivo. Em nome, ação ou substância.

Naiara Alves

Casa da Cultura e do Artista Francano "Abdias Nascimento"
Foto: Silvia Aguiar
12 de junho de 2022

Amanda Reis
Bárbara A. Aniceto
Bárbara Rosa
Cirlene de Pádua
Eveline de Souza
Josiana Martins
Karina Gera
Laura Aquino
Ligia I. de F. Castro
Maria Luiza Salomão
Naiara Alves
Nayara Hakime
Patrícia Nogueira
Perpétua Amorim
Regina Ribeiro
Renata Braz
Soraia Veloso
Tania M. P. de Sousa
Tauane B. de Oliveira
Viviane Jacinto

Carta a Maria Firmina dos Reis

Esmeralda Ribeiro

Querida ancestral das letras, batemos paô pela sua história literária, por você ter sido a primeira romancista negra do Brasil. Esta missiva é uma conexão secular para evidenciar a sua e a nossa pluralidade no modo como vivemos e escrevemos. Ancestralidade exige respeito, deveria chamá-la por senhora, mas serei reverente no uso das palavras.

Sabe, Maria Firmina, ainda no século XXI, quebramos o conceito da representação ser responsabilidade de uma única mulher preta, porque isso nos sufoca, nos molda e também nos silencia. Tenho voz, temos vozes e queremos falar, gritar, esbravejar, amar, sussurrar. Se queremos ir rapidamente, vamos sozinhas. Quando queremos ir longe, vamos acompanhadas. Por isso, no momento da foto, no estádio do Pacaembu, ficamos juntas, conversamos, nos abraçamos e até criamos um quilombo literário virtual, que depois foi celebrado no Julho das Pretas com a produção de uma foto histórica na Escadaria do Bixiga. Foi lindo também ver o encontro de gerações de escritoras.

Maria Firmina, você foi a primeira e única no seu tempo. É preciso ser guardiã da sua história e algumas são, como a escritora Tatiana Nascimento, com cartazes com imagens suas, conectada com sua devida importância literária. Foi ela quem me apresentou o projeto Um Grande Dia e eu também fui convidando outras escritoras negras para conhecer a iniciativa. Todo o dia 11 de março celebramos a data do seu nascimento em 1822. Divulgamos os seus feitos, como a publicação, em 1859, do romance abolicionista *Úrsula*. Além disso, como educadora, você criou a primeira escola mista e também foi pioneira nas publicações e na área da educação, ou seja, foi uma mulher à frente do seu tempo.

Sabe, Maria Firmina, agora no século XXI, existem inúmeras escritoras brancas, asiáticas, indígenas e negras. Na foto do Um Grande Dia, nós, mulheres negras e não negras, estávamos nos conectando com a sua pluralidade, porque você, Maria Firmina, deixou escritos em diversos gêneros literários, podemos encontrar até composições suas. Sim, estávamos lá, porque somos suas herdeiras literárias.

ALGUMAS DE NÓS PRECISAM DA SUA CORAGEM E CERTEZA PARA PISAR NESSE NOVO SOLO LETRADO, DESCONSTRUÍDO DE GÊNEROS LITERÁRIOS E HUMANOS.

Maria Firmina, você iria gostar e se orgulhar de ver que, no hiato dos séculos, criamos e publicamos, mesmo em um país machista, racista e homofóbico. Às vezes, escrevemos com leveza, em outros momentos, somos mulheres pesadas, porém seguimos firmando a nossa escrita. Não é pública e nem notória a desafiante tarefa de encontrar as chaves escondidas com os "cavaleiros", por isso, abrimos algumas portas literárias e jogamos as chaves fora. Ainda há outras portas trancafiadas, mas vamos abri-las!

Sabe, Maria Firmina, você ficaria surpresa, porque ainda temos dúvidas, nós, escritoras negras, se podemos ou não pisar firme no caminho da escrita. Algumas de nós precisam da sua coragem e certeza para pisar nesse novo solo letrado, desconstruído de gêneros literários e humanos. Dancemos ou não, com o som das palavras, composta por nós mesmas.

Sabe, Maria Firmina, nem todas as escritoras negras estavam lá para foto do Um Grande Dia, mas como guardiã de memória é preciso nomear algumas delas: Alzira Rufino, Bianca Santana, Cidinha da Silva, Conceição Evaristo, Dinha Alves, Djamila Ribeiro, Geni Guimarães, Eliana Alves Cruz, Elisa Lucinda, Esmeralda Ortiz, Dona Jacira (Jacira Roque de Oliveira), Jenyffer Nascimento, Kiusam de Oliveira, Lia Vieira, Miriam Alves, Neide Almeida, Nilza Iraci, Raquel Almeida, Roseane Borges, Ryane Leão, Sueli Carneiro. E lembrar também das potências de tantas outras escritoras negras, ainda, invisibilizadas.

Sabe, Maria Firmina dos Reis, foi bonito de ver um número significativo de escritoras negras lá no estádio do Pacaembu. Foi uma ação contagiante, mostrando nossos rostos, nossos textos. Entraremos também para a história, porque não foi uma simples foto e sim um ato cultural e político para afirmar que estamos aqui, existimos, somos escritoras e nossas escrevivências estão publicadas em diversos gêneros e espaços literários. Para finalizar esta missiva, querida Maria Firmina, reforço o fato do registro fotográfico ter acontecido no Dia dos Namorados, dia 12 de junho, relembrando a estrofe de uma cantiga do coletivo Quilombhoje Literatura: "No Quilombo de Palavras, a gente ama e protesta".

Obrigada!

Esmeralda Ribeiro É escritora, editora e jornalista. Integra os coletivos Quilombhoje Literatura e Flores de Baobá — Escritoras Negras. É uma das editoras da série *Cadernos Negros*, na qual tem textos publicados, assim como em diversas antologias. Idealizou os projetos Sarau Afro Mix, Xirê de Palavra & Poesia Afro. Publicou dois livros individuais: *Malungos & Milongas (conto)* e *Orukomi (Meu nome)*, livro infantojuvenil.

Estádio do Pacaembu
Foto: Armando Prado
12 de junho de 2022

Adriana Calabró
Adriana Carranca
Adrienne Myrtes
Aísha Bento
Alice Sant'anna
Aline Abreu
Aline Ahmad
Aline Galeote
Aline Sampaio Alli
Aline Valek
Aline Zouvi
Aloma
Amanda Bahia
Amanda Leal
Amanda M. de Araújo
Amanda M. Veloso
Amanda Zamora
Ana Aly
Ana Carmen Foschini
Ana Carolina Moreno
Ana Carolina S. Guerra
Ana Castro
Ana Célia de M. Goda
Ana Claudia V. de Castro
Ana do A. Mesquita
Ana L. S. Costa
Ana Luiza Roque
Ana Marta Cattani
Ana Meira
Ana Paula Mussel
Ana Paula Vilela
Ana Rosa A. A. da Costa
Ana Rüsche
Andréa del Fuego
Angela C. M. Aita
Angela Marsiaj
Angela Senra
Angélica G. M. da Silva

Angélica Kalil
Anna Clara de Vitto
Anna Maria Mello
Anna V. Balloussier
Annie Baracat
Aurora C. P. Barretto
Bárbara B. Angelo
Bárbara B. Rolim
Beatriz de S. Lima
Beatriz Di Giorgi
Beatriz S. Chaves
Benedita E. de C. Corrêa
Bethania P. Amaro
Brendali S. Bego
Bruna Beber
Bruna Corrêa
Bruna Du P. G. Ferreira
Bruna Escaleira
Bruna Luisa C. Barbosa
Bruna M. de Cenço
Bruna Maia
Bruna Waitman
Bruna X. Martins
Camila Assad
Camila Lourenço
Camila Martins
Camila Paixão
Camila Perlingeiro
Carla Guerson
Carla Kinzo
Carla Madeira
Carla Montebeler
Carol Ito
Carol Rodrigues
Carolina C. Sanches
Carolina de M. P. de Souza
Carolina Peixoto
Carolina Rios
Caroline Diogo Silva
Caroline M. Pereira
Caroline R. G. de Moraes
Caroline S. Ribeiro
Cássia F. P. P. Manente
Cassimila E. Sousa
Cau Zullian
Cecília de A. Carvalho
Chris Baladão
Chris Campos

Chris Ritchie
Cibely Zenari
Clara Averbuck
Clara Gavilan
Cláudia Castanho
Cláudia Lamego
Claudia P. Ferraz
Claudia P. Abrahao
Cláudia R. de T. Alves
Cláudia S. O. Galindo
Claudia W. R. Silva
Cris Lisbôa
Cris Vazquez
Cris Ventura
Cristiane F. S. Pedote
Cristina L. Valori
Cristina M. Mira
Cynthia Gusmão
Dagmar S. P. de Castro
Dai Bugatti
Dandara Kuntê
Dani Rosolen
Daniela Arrais
Daniela L. Ribeiro
Daniele C. Russo
Daniele F. Jorge
Daniele Moraes
Daniele Tavares
Daniella A. Martini
Dayana C. S. Silva
Débora I. da C. Mena
Débora Thomé
Deborah Goldemberg
Denise Machado
Dhellizay Matias
Diana D. de F. Silva
Diana Tubenchlak
Dolores Freixa
Dóris Camacho
Drica Guzzi
Edíth M. Elek
Elaine Perrotte
Eliana de Freitas
Eliana Martins
Eliane de Christo
Elisa Band
Elisabete da Cruz
Elza Tamas
Erika Genebra
Esmeralda Ribeiro
Eveline Sin
Fabiana C. Oliveira
Fabiana F. Alves
Fátima Gilioli
Fernanda C. de A. Telles
Fernanda Costa
Fernanda R. de A. Lopes
Fernanda Soares
Flávia B. do Nascimento
Flávia Bolaffi
Flávia Campos
Flávia Leal
Flávia Martins
Flávia Muniz
Flávia Reis
Flávia Rocha
Flora C. Miguel
Francesca Angiolillo
Francielly Baliana
Gabriela Monteiro
Gabriele Gomes
Gaía Passarelli
Georgina Martins
Giovana Madalosso
Gisele Mirabai
Gisele Moreira
Giuliana Bergamo
Glafira M. Corti
Guta Chaves
Hanna Limulja
Helena de A. Cerello
Helena de M. Furtado
Helena Deluca
Heloisa de A. Carvalho
Hilda M. dos Santos
Hulda Rode
Iara Biderman
Içara B. Oliveira
Ilana S. Bachman
Ingrid T. Fagundez
Isabel F. de S. Ferreira
Isabel Serie
Isabela Noronha
Isabella de A. Vieira
Izilda Bichara
Jamille de S. Nunes
Janaína Leslão
Jane Ciambelli
Janete O. Silva
Janine Bitencourt
Jeanne B. de Souza
Jeanne Callegari
Jeovanna Vieira
Jéssica Balbino
Jessica Marzo
Jéssica Moreira
Jessica Spilla
Jessyca Pacheco
Joana Monteleone
Jocarla Oliveira Gomes
Joselia Aguiar
Julia C. de Oliveira
Julia Codo
Julia Duarte
Julia Medeiros
Juliana Faddul
Juliana Pinheiro Mota
Juliana Pithon
Karen Menatti
Karina A. Martini
Karine Kelly
Karine K. P. da Silva
Karla M. de Souza
Katia Marchese
Keka Reis
Laís Conter
Lara B. F. Dias
Lara Galvão
Larissa C. Alves
Larissa F. Mahnis
Laura C. Gonçalves
Leila Ferreira
Leila Guenther
Leninha Lacerda
Lenny B. de Oliveira
Léo Ribeiro
Letícia Bassit
Letícia Letrux
Letícia Lopes
Letícia Martines
Leticia Torres
Lica de Souza
Lidia Izecson
Ligia Fonseca
Ligia Souza
Lilian A. M. de Aquino
Lilian D. Schiavinato
Lilian Escorel
Lilian Fontes
Lilian Gattaz
Lilian Starobinas
Liliane Oraggio
Liniane Haag Brum
Lívia C. de S. Machado
Lívia L. da Silva
Lizandra M. de Almeida
Lolita C. Beretta
Luana Chnaiderman
Lubi Prates
Luciana Annunziata
Luciana Bento
Luciana Gerbovic
Luciana Lopes
Luciene V. Müller
Lucila L. Mantovani
Luiza Costa
Luiza N. de M. Melo
Luli Penna
Luz Ribeiro
Luzia B. de O. Silva
Marcela Alves
Marcela M. Azevedo
Marcela Tiboni
Marcelina C. de M. Oliveira
Mari Vieira

O domingo 12 de junho foi um dia muito aguardado por mim e por toda a equipe d'A Feira do Livro, que aconteceu em 2022 na praça Charles Miller, em frente ao Estádio do Pacaembu, em São Paulo. Na época não podíamos prever quantas mulheres iam aparecer, mas o número de participantes chegaria na casa das centenas.

Uma tenda foi montada com um QR Code a ser escaneado para fazer o cadastro automático em um grupo de WhatsApp das autoras que fariam parte da foto nas escadarias do estádio. Quando cheguei, logo cedo, já havia algumas mulheres aguardando para saber como proceder. Começamos a fazer os cadastros e, à medida que as horas avançavam, o número de participantes não parava de crescer. O grupo de WhatsApp já contava com quase trezentos nomes e foi preciso que a equipe da *Quatro Cinco Um* passasse a fazer o cadastro das escritoras manualmente com a ajuda de algumas das participantes. A fila formada por escritoras para entrar no estádio dava voltas na praça. Ninguém acreditava no tamanho que aquilo tomou. Estávamos todas emocionadas em participar desse evento. Acho que não consegui aproveitar tanto o momento, porque estava preocupada com a organização e tinha medo de não dar certo. Mesmo assim, sei que gritei muito, corri de lá pra cá, morri de ansiedade, me emocionei, e demorei pra voltar para o meu corpo. No fim, sentei ao lado de várias mulheres inspiradoras segurando um livro e, mesmo que eu não me reconhecesse com tal, muitas me reconheceram como escritora.
Paula Carvalho

Quando olhei para aquelas 420 escritoras à minha frente, pensei: nunca mais vou viver nada parecido.
Giovana Madalosso

Apesar do sol, da fila, todas esperaram com alegria, como se acostumadas a fazer tudo "apesar de", principalmente escrever.
Natalia Timerman

Foi um grande dia. Ver tantas escritoras, principalmente as negras, diz muito sobre como somos borboletas em pleno voo.
Esmeralda Ribeiro

NINGUÉM ACREDITAVA NO TAMANHO QUE AQUILO TOMOU.

Maria A. Figueiredo
Maria Beatriz T. Chicca
Maria Carolina Casati
Maria Cristina Arantes
Maria Cristina C. L. Pereira
Maria Eduarda L. Ferraz
Maria Emília Kubrusly
Maria Flor B. Calil
Maria Isa de A. Sousa
Maria José de M. Oliveira
Maria L. Pastina
Maria Lúcia M. Ruiz (Lúcia Moyses)
Maria Ribeiro
Maria Silvia P. Oberg
Maria Vitória Francisca
Mariah Guidella
Mariana C. de C. Ferrari
Mariana G. Maiante
Mariana Paz
Mariana C. Carrara
Mariana S. de C. Oliveira
Mariana V. Gregorio
Mariana V. Moura
Marianna Muradas
Mariany A. Bittencourt
Marilia Kodic
Marina Jerusalinsky
Marina Lhullier
Marina M. Fiuza
Marina N. Monteiro
Marina Pechlivanis
Marina S. Ruivo
Marisa Marega
Marisa S. Rodrigues
Marise Hansen
Marta Góes
Marta Picchioni
Martha C. Bachilli
Martha Nowill
Maureen Miranda
Melissa Suárez
Mell Brites
Michelle Ferreira
Mira Harari
Miriam Mermelstein
Mô Amorim
Morgana Kretzmann
Mylène Parisi
Myriam Chinalli
Nadia de M. Barros
Naiade Margonar
Naíma Bento
Nair F. da Silva
Natália Albertoni
Natalia Timerman
Natalia S. A. Lago
Natércia Pontes
Nathalie Lourenço
Necylia M. da S. Monteiro
Nélida Capela
Nicole Cordery
Nilce A. Botas
Nireuda Longobardi
Noemi Reis
Noemia Aquino
Nurit Bensusan
Oneide A. Martini
Pam Araújo
Pamella Martelli
Patricia Britto
Patrícia Cardozo
Patricia Chmielewski
Patricia Ermel
Patrícia Lessa
Patrícia Machado
Patricia P. da Silva
Patricia Villarinho
Paula Braga
Paula Cajaty
Paula Carvalho
Paula Febbe
Paula Maria
Penélope Martins
Pricila Marchese
Priscila Blazko
Priscila C. Ribeiro
Priscila Kerche
Rafaela Riera
Rafaella Callegari
Raquel Matsushita
Raquel N. dos Reis
Rebecca Loise
Renata Canin
Renata F. Marques
Renata Laurentino
Renata S. de G. Pereira
Rita A. de Podestá
Rita Carelli
Roberta M. D'albuquerque
Rosana F. C. Rios
Rosana Martinelli
Rose S. de Almeida
Sabrina de C. Guzzon
Sabrina G. do Prado
Samira Calais
Sandra Martinelli
Sandra R. Garcia
Sandra Schamas
Selma Arcanjo
Selma Maria
Selvina M. da Silva
Silvana Jeha
Silvana Tavano
Silvia F. S. Wolff
Silvia Gomez
Silvia H. Camossa
Sílvia Rocha
Simone Az
Simone Marinho
Simone Paulino
Stela M. F. Battaglia
Stella R. C. de Souza
Stephanie C. da S. Borges
Susan Ritschel
Suzana dos A. Pereira
Sylvia Damiani
Tarija L. Pozo
Tati Bernardi
Tatiana C. Lazzarotto
Tatiana Damberg
Tatiana Eskenazi
Tatiana Filinto
Tatiana Nascimento
Telma T. de Souza
Teresa Ribeiro
Thaís Artigas
Thais Lancman
Thais Matarazzo
Thaíse de S. Santos
Vanessa Passos
Vanessa Prieto
Vanessa S. Gonçalves
Vera de Sá
Vera H. S. Rossi
Veronica H. Yamada
Verônica Ramalho
Vilma R. Gomes
Vivian Schlesinger
Viviane Neres
Viviane Nogueira
Zênite Astra
Zoe E. Montes

A foto em Bodocó foi feita em um dia muito especial para nós, bodocoenses. O dia 12 de junho é aniversário da nossa cidade e, por isso, conseguimos reunir algumas escritoras após a cerimônia e a missa celebrativa realizada na Igreja Matriz. Bodocó é berço de mulheres ávidas por cultura e tem iniciado uma trajetória linda na literatura, tendo como exemplo a poeta Cida Pedrosa, uma das responsáveis por nos apresentar o movimento Um Grande Dia para as Escritoras. Agora estamos aqui. Do cafundó de Bodocó para o mundo!
Malu Siqueira

Amanda Rodrigues
Hortência Cecílio
Luana Costa
Malu Siqueira
Raquel Oliveira

Igreja Matriz
Foto: Felipe Sampaio
12 de junho de 2022

Bodocó, PE

Pelo Instagram, descobri que haveria um encontro do movimento Um Grande Dia para as Escritoras organizado em Londres, em frente ao London Eye. Seria uma oportunidade incrível de conhecer outras escritoras brasileiras, porque, naquele momento, era uma recém-chegada na cidade. Porém, na data do evento, eu tinha uma viagem marcada para a Estônia e não poderia participar da foto londrina. Mas eu não poderia deixar de fazer parte de um evento tão singular como esse. Afinal de contas, poucos anos antes, havia realizado uma transição de carreira e me assumido escritora. Nesse processo, passei por uma sequência infinita de reafirmações sobre a importância de me conectar com as paixões que carrego. Participar do movimento seria uma forma de reafirmar que a mudança estava valendo a pena.

Então, decidi que participaria do evento Um Grande Dia para as Escritoras a partir de Tallinn, capital da Estônia. Era um sábado ensolarado de verão e a cidade estava lotada. Testei diferentes locais para a foto em Old Town, onde estão concentrados os principais pontos turísticos, e acabei escolhendo um cenário em que é possível ver a antiga muralha medieval datada do século XIII. Com meu livro nas mãos, posei para a foto e pedi para meu marido registrar o momento.

Participar do Um Grande Dia me deu a sensação de pertencimento que me faltava desde que abracei a carreira de escritora. Ainda que a literatura escrita por mulheres seja cada vez mais presente na minha vida, ver essas escritoras unidas em dezenas de fotos em todo o Brasil foi especial e emocionante. Por mais que estivesse a milhares de quilômetros das demais mulheres, me senti conectada a cada uma das escritoras das mais de cinquenta cidades que participaram do movimento.

Éramos parte de um abraço único, de puro amor à escrita e, por isso, mais fortes em nossas lutas e propósitos.

Sandra Acosta

Old Town
Foto: Enio Almeida Junior
12 de junho de 2022

SANDRA ACOSTA
Pra que varanda se a vista é feia?
VALUUTA VAHETUS
MONEY $
CHANGE

Atendendo ao chamado do movimento Um Grande Dia para as Escritoras, que busca valorizar a escrita feminina, nosso singelo grupo de escritoras da cidade de Pelotas se reuniu às 15h do dia 12 de junho de 2022 no Largo de Portugal, diante do restaurado prédio histórico da antiga Viação Férrea, para a foto que representaria a nossa cidade e daria visibilidade a escritoras pelotenses no cenário nacional.

Apesar do céu azul, era um domingo frio, típico do inverno gaúcho, no extremo sul do país. Por isso, não nos surpreendeu que apenas oito mulheres tenham comparecido — sabemos que somos muitas mais. De qualquer forma, foi um encontro de trocas e, sobretudo, um importante momento de autoafirmação e de reconhecimento de nós mesmas enquanto escritoras — e isso não é pouca coisa! Saímos dali geladas, mas com a sensação de dever cumprido e felizes de saber que, apesar de sermos poucas, conseguimos representar diversos gêneros da literatura produzida em Pelotas. Por isso, agradecemos de coração a essa iniciativa que só nos fortalece.

Joice Lima

Praça Rio Branco,
Largo Portugal
Foto: Laureano Bittencourt
12 de junho de 2022

Pelotas, RS

Beatriz Mecking
Fernanda M. Albuquerque
Isadora Tabordes
Joice Lima
Marciele Goetzke
Marielda Medeiros
Nara Müller
Tânia Porto

Ana Freitas Reis
Ana Luiza Tinoco
Bruna Castro
Cláudia Chéu
Cleidi Pereira
Duda La Casas
Eltânia Andre
Gabriela Abreu
Irma Estopina
Judite C. Fernandes
Juliana Jardim
Livia Beatrice
Luciana Pontes
Maria Quintans
Mariana Portela
Mariana Varela
Marilia Rossi
Tatiana Cobbett

Recebi este convite com o maior orgulho: postar uma foto das escritoras residentes em Lisboa. O movimento parecia delicado, cauteloso, simples. O tempo, todavia, escasso.

Uma semana separou os desejos soberanos e a dignidade do agora. Tivemos sete dias para realizar este sonho ancestral: conectar mulheres artistas. Deusas de antigamente e de depois juntas para celebrar a incompletude literária.

A data eleita, quase uma gravura! O dia 12 de junho, véspera de Santo Antônio, padroeiro da cidade. Nosso Carnaval português. Lisboa consegue ser ainda mais bela entre os decimais de junho. E, por isso, a tarefa era inóspita.

Miradouro da Graça
Foto: Ozias Filho
12 de junho de 2022

Uma espiral cósmica abrigou as horas de meus dias, neste minúsculo intervalo entre a vigília e o silêncio: convida-as, todas, para que a foto se torne símbolo daquilo que, há séculos, prometemos!

Marcamos às 15h. Nenhuma alma está atenta ao cair da tarde. As mensagens e fotografias, originárias do Brasil e adjacentes, invadiam-me os pensamentos, embriagados de orgulho e sororidade. O mundo inteiro, naquele 12 de junho, reverenciava nossas tessituras poéticas. E esta belíssima missão de reuni-las. No miradouro que homenageia uma de suas maiores poetas, Sophia de Mello Breyner Andresen, o único cenário plausível para este grande dia, abracei sua estátua e pedi alento para invocar entidades.

Conseguimos a adesão de vinte escritoras, entre os seis e os oitenta anos de idade. Brasileiras, espanholas e portuguesas. Unidas pela certeza de que toda palavra tem mais força no plural.

Mariana Portela

Quase não houve noite desde o anúncio do encontro das escritoras — o sono abocanhou todas as horas e fez-se um grande dia rapidamente. O sol estava a pino quando as mulheres se amontoaram nos degraus da Escadaria Maria Ortiz, bem no centro da cidade ilha de Vitória. Por algumas horas, tudo foi nosso e de mais ninguém sob o teto invisível do céu. Ocupamos o espaço--tempo sempre negado: aquele em que nossos nomes e corpos são vistos e lembrados. Fomos munidas com a única arma possível em qualquer lugar e país: nossos próprios livros, todos em riste!

Numa fração de segundos, meus olhos quiseram ser mar frente ao oceano imenso e colorido à frente. Desde então, novos encontros literários têm acontecido. Algumas mulheres rasgaram as linhas das palavras, fizeram cortes lentos e deixaram a carne viva, de tal modo que o próprio corpo foi feito de encruzilhada. Outras, reviveram de Zacimbas a Suelys, desnudalmas, com olhos e lágrimas fora do lugar. Também tiveram as que, aos sussurros de um amor calado, conversaram com o silêncio, confidenciaram segredos e reviveram os escritos empoeirados e quase esquecidos pelo tempo. Algumas atravessaram sozinhas os dias de pouco pão e zero sonho. Na margem do mangue e do rio, elas tramam e, da ponte pra cá, outras tramas. Nesse desconverso de todos os versos, todas estavam lá com seus rostos, idades e corpos. Todas foram posteridade.

Taiga Bertolani Scaramussa

Advanir R. da S. Souza
Aline Dias
Amélia S. Zager
Ana Klauck
Ana L. Nahas
Andrea Espindula
Ane Mahin
Angela M. R. dos S. Diniz
Bárbara G. Machado
Brunella B. Rasera
Deane M. V. Costa
Diva P. Zucoloto
Drielly T. Ribeiro
Eliana Zandonade
Erica F. C. de Sousa
Fabiola Colares
Franciani Bernardes
Giovana C. Schneider
Gisele J. Vicente
Idayana M. B. Leite
Ione A. D. S. Dias
Isabella Mariano
Joyce Laudias
Juane V. Miranda
Juliana A. Martins
Juliana Cirqueira
Juracy
Kate Parker
Lavinia C. Cardoso
Lilian P. Menenguci
Lívia Corbellari
Lorena S. da C. P. de Azevedo
Luciana M. dos Santos
Marcela G. Neves
Maria A. Malanquini
Maria das G. Gozzer
Maria F. S. de Azevedo
Maria José C. de Souza
Maria Z. Bannitz
Meiriele Lemos
Nana Muriel
Natasha S. Siviero
Nieve Matos
Noelia da S. M. de Araújo
Patricia E. de Souza
Priscilla G. da Costa
Rita Uliana
Samara C. Borges
Sara Lovatti
Sarah M. Bichara
Saskia Sá
Soraya R. da Vitória
Stela R. da Silva
Suely Bispo
Taiga Bertolani Scaramussa
Thayla F. da Conceição
Verena P. de S. Setúbal
Viviane C. de M. R. Pinto

Escadaria Maria Ortiz
Foto: Laura Monteiro
12 de junho de 2022

A PARTIR DE NOSSAS EXISTÊNCIAS E DE NOSSO LUGAR NO MUNDO, ESCREVEMOS AS NOSSAS HISTÓRIAS, AS NOSSAS NARRATIVAS, A NOSSA LITERATURA.

Carla Montanha
Celina Berto
Débora Ramos
Fernanda Limão
Iris Pereira
Ivonete B. Xavier
Marcilene P. Alexandre
Marilia Ferro
Stephany Metódio

Praça Luís Jardim
Foto: Nivaldo Carvalho
12 de junho de 2022

Um grande dia para as poetas, escritoras e para quem movimenta as palavras aqui em Garanhuns. Estarmos juntas e irmanadas com centenas de escritoras espalhadas pelo Brasil e pelo mundo, foi um momento histórico. Poder fazer parte dessa movimentação tão especial em que a energia feminina e matriarcal tomou as ruas de várias cidades do país foi muito potente. Falamos daqui diretamente de Garanhuns, agreste pernambucano, terra de quilombos e de mulheres guerreiras. Escolhemos fazer nossa foto no espaço Luís Jardim, muito simbólico para nossa cidade, e que leva o nome de um escritor que muito nos orgulha, porém, refletindo toda estrutura patriarcal, atua registrando e reverenciando somente a memória de homens. Mas a partir dessa movimentação, ocupamos esse lugar com as vozes femininas num encontro geracional e diverso, reafirmando o lugar da literatura, mas agora escrito pelas mãos das mulheres. A partir de nossas existências e de nosso lugar no mundo, escrevemos as nossas histórias, as nossas narrativas, a nossa literatura; partilhar tudo isso em consonância com tantas mulheres incríveis de outros lugares, nos fortalece e nos faz acreditar que juntas somos mais fortes e iremos mais longe! Esse registro será o primeiro de muitos.
Stephany Metódio

Escolhemos a Feira Beco do Inferno para nos reunirmos. O evento artístico mais importante de Sorocaba estava repleto de pessoas. Corpos e vidas dissidentes passeavam à sombra das árvores, belíssimos. O clima é de festa, apesar da tensão. Estávamos naqueles dias em que os protocolos de prevenção à pandemia de Covid-19 como o distanciamento e o uso da máscara eram incertos.

Nos encontramos na escadaria da Oficina Grande Otelo, no centro da cidade, localizado na praça Frei Baraúna, que também é palco das atrações da feira. Utilizamos o microfone do evento para chamar as escritoras e reforçar a divulgação das redes sociais. Aos poucos, foram se reunindo as Mulheres da Palavra, as do Clube de Escrita Sorocaba e as do SLAM 015. Mães, filhas, psicólogas, atrizes, professoras, mulheres múltiplas. O hábito de cozer palavras nos une. Algumas de nós iniciaram seu ofício nas letras nesse mesmo prédio, diante do qual posamos para a foto, quando ali havia oficinas de escrita gratuitas oferecidas ao público.

Infelizmente, muitas de nós ficaram de fora do registro por causa de compromissos, viagens, impossibilidade de transporte. Há, ainda, aquelas que não se sentem à vontade para se afirmar como as escritoras que são diante da câmera fotográfica — e de todo o mundo que nos rodeia. Talvez, um dia, em outro Um Grande Dia, seremos tantas que a escadaria deste prédio enorme não será suficiente para nos acomodar. Aparentemente inseguras e pouco numerosas, estamos conscientes de nosso papel, somos gigantes e nos sentimos cada vez mais fortes.

Mari Mendes

Escadaria da Oficina Grande Otelo, Praça Frei Baraúna
Foto: Ana Paula Lopes de Jesus
12 de junho de 2022

Estela Andrade
Evelise Rodrigues
Evelyn Taynara
Fabiana Ferraz
Fabiane Coração
Francine Ramos
Francine Segawa
Gabriela Delgadinho
Grazi Ruzzante
Malú Muniz
Mari Mendes
Mariana Rossi
Mayra Carvalho
Mylena C. Araújo
Natália Werneck
Maiara Neves
Rafaela Chor
Regina Medeiros
Thais L. Morello

Sorocaba, SP

Adelaide R. Jordão
Alessandra P. Roscoe
Altaci C. Rubim
Ana Di Goya
Ana Lúcia Barbosa
Ana Luíza B. Jorge
Ana Márcia de O. Fonseca
Ana Prestes
Ana Rossi
Andreia Frotta
Angela Schettini
Ariana Frances
Basilina D. Pereira
Bertolina M. R. e Silva
Camile Sahb Mesquita
Carolina Bacelar
Carolina Schettini
Cilsa Tavares
Cláudia S. de Almeida
Cosette Castro
Daniela Valverde
Elizabeth Fernandes
Ester P. N. de Macedo
Gabriela Tunes
Giovanna B. Lobato
Gisela B. Emanuelli
Herotildes de S. Milhomem
Iliana Kanof
Ismalia A. da Silva
Ivonete Ibiapina
Jane Christina
Juana Miranda
Juliana Otoni
Juliana Valentim
Juliana Zancanaro
Jussara R. Nogueira
Karina Ripoli
Karla C. de Mello
Kenya Ricarte
Laura Rondon
Letícia de Q. M. Sousa
Lídia R. dos S. Sousa
Lílian S. Taba
Livia Milanez
Lizandra Silveira
Lorena Martins
Luci Afonso
Luciana Barreto
Luciana de Assunção
Luciana L. Braga
Luciana Salum
Luciane Mustafá
Magali Dantas
Maíra M. Galvão
Maíra Valério
Marcela de Paolis
Maria Carolina Machado
Maria de L. T. de A. Fonseca
Maria F. Fontanelle
Maria Lícia
Maria M. Rodrigues
Mariana dos Anjos
Marina Mara
Marta Ibañez
Meimei Bastos
Meireluce Fernandes
Morgana Feijão
Nádima de M. P. Nascimento
Natália Honorato
Nicole Reis

Brasília, DF

Nilva de S. C. Lopes
Nivea P. Braga
Noélia M. R. da Silva
Pamela Saraiva
Pree Leonel
Priscila M. de S. Dourado
Ramíla Moura
Regina Lacerda
Renata S. Almendra
Sabrina de Almeida
Sandra A. de L. da Silva
Sandra de Castro
Sandra Tavares
Sara de Melo
Stéfane N. R. e Silva
Tainá Pinto
Tânia Gomes
Thainá Christine
Valeria Grassi
Veronica Larrat
Victoria Salomão
Waleska Barbosa

Museu da República
Foto: Maíra Ribeiro
12 de junho de 2022

NÃO É VERDADE QUE MULHERES NÃO ESCREVEM POR ESTAREM NA LABUTA DO CUIDADO. ELAS ESCREVEM APESAR DE TEREM QUE DAR CONTA DESSA LABUTA.

— Ari, olha isso! Poderíamos fazer essa ação aqui, no DF!

— Gente, vamos!

Essas foram as duas primeiras frases que eu e Ariana Frances trocamos no dia 2 de junho de 2022. Logo após ter compartilhado o post da Giovana Madalosso sobre a foto histórica Um Grande Dia no Harlem, uma inspiração candeeiro iluminou o desejo de sermos muitas. Ao ver a fagulha da proposta que seria realizada em São Paulo, foi acesa pelos lados do Planalto Central a ideia de encorpar esse fogaréu. Brasília foi a segunda cidade a aderir ao movimento. A partir do diálogo relatado acima, juntei as incendiárias Ariana Frances e Camile Sahb, sócias e livreiras da Circulares Livraria, para jogar faísca e atiçar a chama. Articulamos, em menos de uma semana, a chamada para o encontro e a produção para a foto do evento Um Grande Dia para as Escritoras em Brasília.

Demos as coordenadas de data, horário e local, e ficou tudo iluminado no dia 12 de junho de 2022, às 16h, em frente ao Museu da República, para o nosso registro histórico. Cerca de cem mulheres de várias partes do Distrito Federal foram fotografadas. Cada uma de nós sabe o tanto de teto que tem de ser cedido e raptado para se tornar uma escritora. Sabemos também que não é simples a circulação de obras produzidas por mulheres. E, como já disse Giovana Madalosso, não é verdade que mulheres não escrevem por estarem na labuta do cuidado. Elas escrevem apesar de terem que dar conta dessa labuta. E isso é muito.

Maria Carolina Machado

A Ilha da Magia, tão conhecida por suas praias, é também morada de inúmeras fazedoras de palavras. Mulheres que tecem textos, que fazem mundos. Escritoras que numa bela tarde foram se achegando nas escadarias da Catedral Metropolitana, carregando seus livros, seus sonhos e suas lutas. A literatura foi aos poucos ocupando um pedaço do centro histórico, fazendo, assim, história. Mesmo não muito acostumada com eventos literários, Florianópolis viu brilhar o sol naquele grande dia. Algo de mágico parecia confirmar a importância daquele momento.

A notícia da iniciativa de reunir as escritoras chegou através das redes sociais e o apoio do Lauro da livraria Livros&Livros e da fotógrafa Rafaela Pacheco foram essenciais para a celebração desse encontro na nossa cidade. Transcrevo o que disse brevemente naquele 12 de junho de 2022: "Que a ponte construída aqui, continue firme e forte para que gerações futuras de escritoras mulheres atravessem sem medo".

Maria Müller

Escadaria da Catedral
Metropolitana de
Florianópolis
Foto: Rafaela Pacheco
12 de junho de 2022

Alessandra Boos
Aline Torres
Ana G. Prieto
Andreia D. O. Souza
Angela D. S. Guimarâes
Claudia Alexandra
Cristina Santos
Edenice Fraga
Eva Lenita
Fabiana Kretzer
Gabriela Barbosa
Ida M. Freire
Juliana Sell
Lívia Sudare

Márcia F. Corrêa
Maria de Fátima B. Michels
Maria de Lurdes Capponi
Maria Gabriela C. Luft
Maria M. A. Mello
Maria Müller
Mariana Mio
Marina Hadlich
Martha R. Medeiros
Melissa N. Monteiro
Michelle Araújo
Norma Bruno
Priscila Cristina Freitas
Quésia Cunha

Raquel Cesário
Regina da R. Medeiros
Rejane Benvenuto
Renata de Souza
Renata P. Dranka
Rosane Cordeiro
Rosangela A. Pasold
Rosangela Calza
Rute C. da Silva
Simone S. Guimarães
Thais S. Pertille
Vanessa P. Leite

É LINDO PODER FAZER PARTE DESSE PROJETO COM TANTAS MULHERES INSPIRADORAS.

Aurora Alves
Bruna Florie
Elis Almeida
Jéssica Caitano
Maiane Alves
Mariane Alves
Talitha Farias
Thays Santos

No dia 12 de junho de 2022, nos reunimos para este retrato bonito na casa de Bruna Florie, minha irmã, aqui na comunidade do Alto da Boa Vista na cidade de Triunfo, no sertão do Pajeú.

Conosco, as poetas Mariane Alves e Aurora Alves, sua filha e minha afilhada; Maiane Alves, irmã de Mariane; Elis Almeida, nossa prima querida; Talitha Farias, minha companheira, e Thays Santos.

O encontro para fazer a fotografia acabou resultando no ensaio do Sarau Pantim, projeto formado por nós e demais membros do coletivo de artes integradas de produção cultural, Coletivo Pantim.

Fizemos as imagens aqui mesmo pelas ladeiras da Comunidade do Alto da Boa Vista, num domingo bem bonito e azul.

Nos sentimos sempre em família quando nos reunimos, pois somos mesmo. Umas irmãs, outras primas, filhas e tantas que representamos. Nosso encontro foi muito feliz e é lindo poder fazer parte desse projeto com tantas mulheres inspiradoras.

Jéssica Caitano

Alto da Boa Vista
Foto: Guilherme Andrade
12 de junho de 2022

Dia 12 de junho de 2022, 16h, escadaria do Teatro Amazonas, o marco cultural mais forte da nossa terra. Ocupar esse espaço, simbolicamente, significa marcar a nossa existência aqui. Um chamado pelas redes sociais, de uma em uma. Mulheres que se (re)conheceram, ouviram as vozes umas das outras e descobriram a possibilidade de existir coletivamente pela primeira vez. Era lindo ver cada uma carregando seus livros como joias, ou flores, ou conquistas. Umas com passos ainda titubeantes: "Não sei se sou mesmo escritora"; outras com reconhecimentos e prêmios, mas todas partilhando uma identidade comum: mulheres que escrevem!

Um sentimento partilhado: representamos as que vieram antes de nós, as que nos alimentaram contando histórias e nos formando mulheres fortes, críticas — de fato, estava conosco a mãe de uma escritora, uma contadora de histórias, sua fonte primeira, isso também era para nós um sinal forte: a palavra feminina oral que nos precedeu. Representamos as pioneiras escritoras que abriram caminhos; as que não estavam ali de corpo presente... e as que virão depois.

A tarde estava nublada, mesmo assim conseguimos captar o brilho que foi estar em grupo unidas. Temos certeza que este é apenas o início de um movimento maior que permita colocar no mapa todo o Amazonas. Fazer parte de um movimento nacional é muito importante, considerando a pouca visibilidade das escritoras do Norte. A cada dia encontramos outras escritoras. Todas nadamos na mesma direção, em busca de espaço. Vamos povoar esse mapa da escrita.

Lucila Bonina e Melyse Cordeiro

Carla V. S. Medeiros
Franciná Lira
Giovanna Praia
Hydelvídia C. de O. Corrêa
Jonice Teixeira
Laís Fernanda Borges
Letícia P. Cardoso
Lucila Bonina
Maria Alice C. da Silva
Maria de Fátima S. Lira
Maria do S. B. Leite
Melyse Cordeiro
Myriam Scotti
Odaléia Barros
Odaléia Rosely Barros
Raescla R. de Oliveira
Samara S. Nina
Silvia Grijó Cavalcante

Teatro Amazonas
Foto: Giovanni Scotti
12 de junho de 2022

Carmen V. Brandão
Jaara Cardoso
Luciane Madrid Cesar
Malu Silva
Sandra Rodrigues
Tina Coelho

Praça Governador Benedito Valadares – Biblioteca Pública Municipal, Casa da Cultura e Museu de Varginha
Foto: Expedito Gonçalves Dias
12 de junho de 2022

Vi a convocatória no Instagram na véspera do Um Grande Dia. Meu primeiro pensamento foi: será que há alguém organizando a foto aqui em Varginha?

Demorou um pouco para cair a ficha de que caberia a mim fazer acontecer. A gente, às vezes, se esquece de ser protagonista da própria história — neste caso, da história das escritoras varginhenses.

E começou a correria. Publiquei um chamado no nosso grupo de escritores da Associação dos Poetas e Escritores do Sul de Minas (APESUL) e fiz uma lista mental das mulheres

que não estavam no grupo. Mandei as mensagens.

Em função do pouco tempo de a divulgação do evento, não conseguimos muita adesão. Algumas mulheres estavam viajando ou já tinham compromissos familiares no horário marcado. Outras só viram o chamado no dia seguinte…

Escolhemos como cenário o prédio da Biblioteca Pública Municipal, Casa da Cultura e Museu que, além de ser uma linda residência histórica, é um lugar que sempre nos acolhe com muito carinho, oferecendo apoio para os lançamentos de nossos livros e qualquer outro evento planejado por nós.

Assim, conseguimos chegar a tempo e marcar presença nesse evento tão significativo de união, cooperação e sororidade. Uma celebração da mudança de paradigma que nos torna, não mais concorrentes, mas parceiras na luta e no sucesso. Que venham as próximas fotos! E que, a cada ano, a pessoa responsável por nos fotografar precise dar mais passos para trás até conseguir enquadrar todas na foto.

Juntas vamos mais longe!

Luciane Madrid Cesar

Palavra é água. Falta, sobra, margeia.

Quando dentro da língua, palavras são casa, conforto, incômodo.

Mas o que fazer com uma língua que nos põe ilhadas, lobas solitárias em florestas gélidas? Podemos catar palavra por palavra como se fossem folhas e gravetos e construir tanto armadilhas quanto abrigos. Fica proclamada, assim, a força da escrita, sua natureza protetora e combativa. Dentro da língua portuguesa, vive uma escritora. Num jogo sofisticado entre significante e significado, constrói-se um castelo onde se imagina sozinha na geografia.

Mas, ao olhar da janela de uma torre, que a destaca tanto quanto a esconde, a escritora encontra outras mulheres munidas de palavras cuidadosamente preservadas e à prova de tempo e lugar. São palavras identitárias. Formam livros e vidas.

Envio um eco. "Há mais alguém aí?" Como flecha, meu sinal foi apanhado, espalhado, chegou a tantas de nós que, isoladas dentro da galáxia que é a língua estrangeira, responderam: "Presente!".

Encontrar as escritoras brasileiras em Londres, numa proposta potente de visibilizar quem somos, foi como tirar o véu de um universo. Construir pontes, encontrar sorrisos, trocar ideias, se encontrar e se ver umas nas outras. Toda essa riqueza no trabalho que é escrever em língua portuguesa na Inglaterra.

Dentro de mim, ao vê-las, tocava um tambor. Mas era o peso do coração ouvindo os passos dessas mulheres que se aproximavam — umas cambaleantes, hesitantes; outras, em plena confiança do exercício. Todas importantes e cada uma especial. Formamos um coletivo, palavra da qual gosto tanto, porque me lembra política, exercício de cidadania. Nessa prática política, pedimos respeito, crédito e damos rosto e nomes às coisas, como faz a boa escrita.

Ainda que o mito de Eco seja a história da tentativa de calar os pensamentos, o barulho e o som permaneceram. E, para quem foi calada desde o início da história, um ruído é um vendaval.

Nara Vidal

Ana Kraft
Angelica Massoca
Carolina Abreu
Isabel Clemente
Joanna Moura
Júlia Albertoni
Leiliane Valadares
Lorena Portela
Manoella Valadares
Nara Vidal
Suelem Aubeso

Waterloo, margem
do rio Tâmisa.
Foto: Raquel Sol
12 de junho de 2022

Anfiteatro do
Parque das Dunas
Foto: Caroline Macedo
12 de junho de 2022

Ana Catarina Fernandes
Anchella Monte
Araceli Sobreira
Beatriz Madruga
Carla Alves

Carmen Vasconcelos
Clécia Santos
Danielle Sousa
Denise Martins
Dorinha Timótio
Eva Potiguara

Fabiane Marques
Hirlary Nakagaiche
Iatamyra R. Freire
Isabela Helena
Isinha Loraf
Jânia Souza

Jeanne Araújo
Joserina Brasil
Josimey Costa
Kalina Paiva
Luciana Eneida
Luma Virgínia
Maria Antônia
Marina Rabelo
Nair Damasceno
Ozane Gomes
Patrícia Diniz
Regina Azevedo
Rejane Souza
Rizolete Fernandes
Rosângela F. de Melo
Samy Almeida
Sandra Martins
Silvia Brito
Simone Linhares
Teresa Lima
Tereza Custódia
Vanessa Augusta

ALÉM DO REGISTRO DE QUE EXISTIMOS, HÁ O RECONHECIMENTO DE QUE NÃO ESTAMOS SOZINHAS.

Depois de saber que várias cidades estavam fazendo suas fotos históricas de mulheres escritoras, resolvi entrar em contato com algumas que conheço em Natal e, assim, de uma maneira coletiva e espontânea, começamos a divulgação do encontro.

No dia marcado, senti um frio na barriga com receio de dar tudo errado, de que nenhuma delas aparecesse, de que o prenúncio de chuva barrasse a chegada das que estavam a caminho, do sentimento de que ninguém achasse que aquela foto seria, de fato, algo importante. Tudo isso, enfim, foi substituído pela alegria de ver uma escadaria cheia de mulheres escritoras, de várias gerações e etnias trocando livros entre si, contatos, abraços e sorrisos.

Foi uma alegria sem tamanho. Foi uma sensação de dever cumprido misturada ao surgimento de uma esperança de que esse momento se repita e que mais mulheres escritoras nas suas diversidades apareçam em outras fotos e encontros, porque, além do registro de que existimos, há o reconhecimento de que não estamos sozinhas. Não somos mulheres isoladas em seus quartos a escrever sem herança, somos um exército com história. O sentimento de pertencimento neste mundo literário, historicamente assentado em obras feitas por homens, é indispensável para que continuemos a produzir cada vez mais e com mais força.

Danielle Sousa

Participar do movimento Um Grande Dia para as Escritoras foi uma experiência intensa e gratificante para mim. Eu organizei a foto coletiva das escritoras com a Andreia Borges da Silva e conseguimos reunir na orla do bairro de Boa Viagem, próxima do Museu de Arte Contemporânea, numa tarde chuvosa de junho, quase trinta autoras. Foi uma celebração da escrita feita por mulheres e um encontro com muitas trocas valiosas e desdobramentos. Cinco meses depois da foto coletiva, inspirada por esse potente movimento, organizei uma feira literária com autoras da região. A feira aconteceu nos dias 5 e 12 de novembro, na Biblioteca Parque de Niterói. Testemunhei um engajamento muito forte entre as muitas escritoras talentosas e comprometidas com a arte de escrever. Foi imensamente gratificante. Neste ano de 2023, lançamos a antologia poética *Escreviventes*, com a participação de 25 autoras, mais um desdobramento desse fluxo tão vital para nós, mulheres escritoras, que nos fortalece mutuamente ao compartilharmos nossas experiências literárias. Agradeço ao movimento Um Grande Dia para as Escritoras e suas organizadoras, Giovana Madalosso, Paula Carvalho e Natalia Timerman, pela oportunidade, inspiração e força.
Tânia Ribeiro Roxo

Pátio do Museu de
Arte Contemporânea
Foto: Ricardo Rogers
26 de junho de 2022

Adriana Gonzaga
Alexandra Alencar
Ana Soares
Andreia Borges da Silva
Ângela Luz
Ângela Puppim
Artemis Romano
Carmen L. B. de Oliveira
Cecilia Rogers
Cristiana Seixas
Cristina Viana
Fernanda Cariello
Geruza Ilha
Glaucia Ank
Inês Drummond
Ivone Rosa
Janaina Oliveira
Joselane N. Black
Kathlyn Almeida
Lili Balonecker
Mônica Martins
Nilze Benedicto
Norma Emiliano
Rosaina Vilaça
Rosemarly W. Rebelo
Sol de Paula
Solane Carvalho
Tamires Romano

Tornar-se escritora

Paula Carvalho

O reconhecimento é um processo lento. Pode demorar anos para se concretizar ou, então, nunca chegar. Isso quando falamos de reconhecimento externo, isto é, por nossos pares e terceiros. Quando se trata do autorreconhecimento, parece que enfrentamos uma armadilha, uma faca de dois gumes. Queremos ser validadas, sentir orgulho do que fazemos com nossas próprias mãos, com nosso próprio pensamento, porém sempre desconfiamos da nossa própria autoavaliação. Confiar no próprio trabalho pode soar arrogante, né? Melhor ficar quieta no meu canto, no meu pedestal de humildade. Não foi assim que fomos criadas? Para não atrapalhar ninguém, o melhor a fazer é ficar quietinha, com nossos frufrus e futilidades. Como se sentir ouvida e reconhecida fosse um mero capricho...

Ver a si mesma como escritora é conviver com a eterna síndrome de impostora. Isso não é de hoje, claro, é uma condição imposta historicamente. O poder da palavra, o poder de empunhar uma caneta, foi difundido como um ofício do âmbito masculino. Só os homens seriam dotados da razão necessária para colocar os pensamentos em palavras. No panteão das letras, só nos cabia o papel de musas. Enquanto as mulheres que se interessavam ativamente pela sedução das palavras eram consideradas perigosas, subversivas, assexuadas. A escrita, portanto, devia ser realizada pelas mulheres de forma clandestina, no crepúsculo, sob as sombras, em sótãos e porões, longe de olhares alheios, reprovadores e inquisidores.

Por ser uma atividade clandestina, não é de surpreender que as mulheres ocultassem seus instrumentos de trabalho — papéis, penas e canetas — e, em consequência, parte da sua identidade. Ser escritora era — e ainda é para muitas — possuir uma identidade secreta. Uma identidade masculina, pois. Quem diga Karen Blixen escrevendo como Isak Dinesen. Charlotte Brontë escreveu seus romances sob pseudônimos masculinos. E, mesmo quando essas escritoras obtinham sucesso comercial com sua alcunha de nascença, a modéstia reinava. Jane Austen alcançou a fama ainda em sua breve vida, mas nunca saiu por aí se jactando como seus contemporâneos homens.

Esse perfil mais discreto é analisado por Sandra Gilbert e Susan Gubar no ótimo *The Madwoman in the Attic: The Woman Writer and the Nineteenth-Century Literary Imagination* [A louca do sótão: a mulher escritora e a imaginação literária do século XIX]. Inclusive, gostaria de encontrar publicada no Brasil uma tradução desses ensaios que traçam a trajetória de algumas das principais escritoras da língua inglesa do século XIX e como elas navegavam pelo mundo das letras e pela busca (ou não) de serem reconhecidas enquanto autoras. Não era bem-visto na sociedade vitoriana que mulheres se apresentassem como escritoras, para não ofuscar os egos masculinos, pois. A discrição é a norma e também uma forma de defesa.

Ou Mary Shelley não teve que se defender por acusarem de *Frankenstein* ter sido escrito, em grande parte, por seu marido, o poeta Percy Shelley? Sempre atrás de uma grande mulher escritora existe um grande homem escritor, não é mesmo? Interessante que a acusação contrária raramente acontece, como vemos no caso de Colette e seu então marido Henry-Gauthier Villars, o Willy, que se apropriou da sua popular série de romances *Claudine* e chegou a trancafiá-la em um quarto onde escrevia dezesseis horas por dia. Ou também o belo filme *A esposa*, em que Glenn Close faz o papel da mulher de um vencedor do Prêmio Nobel de Literatura.

Se o reino das letras é domínio dos homens, o da beleza, é das mulheres. A aparência física de escritoras sempre esteve sob escrutínio, algo nada parecido com suas contrapartes masculinas. Lygia Fagundes Telles se recusou a continuar a correspondência com um possível editor quando este sugeriu que ela publicasse uma foto sua na capa para atrair leitores pela sua beleza física e não pela construção de seu universo povoado de estranhezas. Clarice Lispector chegou até a aconselhar Lygia, sua amiga, a não sorrir em fotos para ser tratada com seriedade. Sorriso em rosto de mulher pode passar a ideia de estar oferecendo outras coisas que não só as palavras escritas no papel. A fantasia pode tomar outros rumos. Escrever é também um ato imoral.

Mas, antes de sermos escritoras tivemos que nos tornar leitoras, o que, digamos, demorou muito. Educação nunca foi prioridade para o gênero feminino e apenas para as classes mais abastadas. Mesmo assim, como Virginia Woolf já mostrava em *Um quarto só seu*, a disparidade material da estrutura da educação entre homens e mulheres já nos colocava em desvantagem. Sem falar do ônus do trabalho reprodutivo que recai sobre nossas costas, desde os afazeres domésticos e a criação dos filhos até o cuidado dos idosos, da comunidade e, claro, do homem da casa. O que eles chamam de amor, nós chamamos de trabalho não pago, já preconizava Silvia Federici.

E o que dizer então de mulheres racializadas, com ainda menos acesso aos livros? Afinal, o que uma catadora negra ou uma diarista fariam com palavras no papel? Apenas Carolina Maria de Jesus com seu *Quarto de despejo*, *Diário de Bitita*, *Casa de alvenaria* e mais um tanto de textos inéditos que estão guardados. Ou então Françoise Ega que, inspirada por Carolina, como conta em *Cartas a uma negra*, passou a sonhar com uma carreira literária, enquanto limpava a casa de patrões brancos franceses. A própria família de Ega não levava muito a sério esse trabalho e, no começo, não entendia a razão da necessidade da escrita. Livro é coisa de gente rica branca, já dizia um certo falecido governo brasileiro. É de se perguntar, então, como fez Audre Lorde, se as ferramentas do mestre nunca vão desmantelar a casa-grande. Talvez não, mas que podem fazer muito barulho, disso não tenho dúvida.

Se já é um ato violento não ouvir e reconhecer essas vozes, a violência vem duplamente pelo seu apagamento. Maria Firmina dos Reis, mulher, negra, maranhense, professora, educadora, intelectual, a primeira pessoa a publicar um romance neste país. Só fui ouvir falar dela nos últimos oito anos. Se a própria história não reconhece as escritoras, como querer então que nós próprias nos reconheçamos como tal?

Assim como muitas das mulheres que apareceram para a fotografia do Um Grande Dia para as Escritoras, continuo tendo muita dificuldade para me reconhecer como "escritora". Sim, já publiquei livro. Sim, eu escrevo, o tempo todo, sempre escrevi, mas daí me dizer escritora é outro passo. Tanto que no livro que empunhei para a foto, em São Paulo, *Depois do fim*, organizado pela Fabiane Secches, que contém um ensaio meu, junto a textos de Giovana Madalosso, Natalia Timerman e outros tantos nomes pesados da literatura nacional, pedi à Fabiane que corrigisse a minha minibiografia. Ela gentilmente me descrevia como "escritora e crítica literária" e pedi que substituísse por "jornalista e historiadora", descrições que me deixam mais confortável — e que ainda envolvem a escrita.

Pois é, escrevi este textão aqui, participei desse dia incrível, em São Paulo, que virou um movimento, mas ainda não me sinto escritora. A insegurança é uma vizinha constante e o título ainda causa um arranhão nos meus ouvidos. Não me reconheço, mas muitas me reconhecem. Quem sabe ouvindo todas essas mais de 2.300 mulheres que participaram das fotos que seguem e as tantas outras que não puderam estar presentes, eu acabe me convencendo, assim como muitas delas, de que sou e de que somos escritoras.

Paula Carvalho é historiadora, jornalista, editora de podcasts da revista *Quatro Cinco Um*, editora da Tinta-da-China Brasil e colaboradora do blog da editora Tabla. Mestre em história pela Universidade Federal de São Paulo (Unifesp) e doutora em História pela Universidade Federal Fluminense (UFF), estuda viajantes, principalmente os disfarçados. Lançou o livro *Direito à vagabundagem: as viagens de Isabelle Eberhardt* em 2022.

Há quatro anos na articulação do coletivo nacional Mulherio das Letras, iniciado em 2017, e que hoje reúne mais de 7 mil mulheres escritoras, soube do movimento Um Grande Dia para as Escritoras, senti no coração o chamado e reuni o grupo de Autoras da Baixada Santista, litoral de São Paulo, em torno dessa iniciativa. O encontro aconteceu no dia 2 de julho, na Praça da Independência, Gonzaga, em Santos, onde já havíamos participado de outras manifestações, como contra o feminicídio e o #elenão.

Quinze mulheres de diferentes gerações — entre poetas, escritoras, dramaturgas, ilustradoras, roteiristas e contadoras de histórias — conseguiram participar da foto, mas, ao todo, somos um grupo de vinte mulheres escritoras do litoral de São Paulo.

Ana Rodrigues
Chris Ritchie
Christiane Andrea
Cláudia Brino
Cristiane Sebastião
Cynthia Panca
Eunice Tomé
Iracema Ananias
Jacicleide Aragão
Madô Martins
Maria J. Goldschmidt
Nice Lopes
Vanessa Ratton
Verônica Ramalho

Praça da Independência
Foto: Karen Ritchie
2 de julho de 2022

O registro foi um forte motivo para reunir o grupo a partir desse dia e, assim, nos mantemos em contato até hoje. Somos um coletivo que se encontra mensalmente no Booktim, tomando café, cerveja ou vinho. Trazemos escritoras para trocar experiências e apresentar suas obras, e nos apoiamos em nossa sororidade e dororidade, como diz Conceição Evaristo. Também participamos de coletâneas do Mulherio das Letras, lançadas sempre no encontro nacional.

Em 2023, estaremos no Flipoços com o grupo Mulherio das Letras Indígenas, lançando o *Guerreiras da ancestralidade*, que traz a biografia e textos de poesia e prosa de setenta escritoras indígenas de diversas etnias.

A escrita de autoria feminina é resistência.

Vanessa Ratton

Air C. Higino
Alessandra M. Spallanzani
Aliel Casalli
Aline de Moraes
Ana Beatriz Manier
Ana Claudia Soriano
Ana Cláudia Teixeira
Ana Paula Couto
Andréa de Souza
Andrea Goldani
Andréia Reis
Andrezza R. Carvalheiro
Angelica Rocha
Ania K. Gevezier
Beatriz Canella
Carina Marqui
Celia Silveira
Cinthia Ramos
Clara M. Santoro
Cristina Gurjao
Dany Barroso
Darlene Almeida
Débora M. Binatti
Diane Ouverney
Djanira Luz
Dolores Affonso
Drica M. Spinelli
Fabiana Corrêa
Fatima Macedo
Fernanda Egger
Iracema Macedo
Janaína Botelho
Janimary G. Pecci
Jéssica Louredo
Karla Magalhães
Kíssila Muzy
Márcia Lobosco
Marcinha Machado
Margarida Santana
Mari Mattos
Maria A. E. de Albuquerque
Maria Clara Cavalcanti
Maria K. S. Roza
Marisa M. de Mello
Mirna Schuler
Monica Mezavila
Neli Oliveira
Nina Higgins
Nubimar H. B. Tinoco
Priscila Tissi
Rosângela Buarque
Selma F. dos Santos
Tereza C. M. Campitelli
Vanessa C. Melnixenco
Yasmim Abrahão

Escadaria do
antigo fórum –
Praça Getúlio Vargas
Foto: Osvaldo Enoc
3 de julho de 2022

VAMOS FORTALECER UM MOVIMENTO QUE NÃO FICARÁ APENAS NESSA IMAGEM.

Quando vi o chamado para o movimento Um Grande Dia para as Escritoras, fiquei encantada e pensei o quanto gostaria de participar daquilo. Uma ideia revestida de tantos sentidos.

O dia escolhido para a foto em Nova Friburgo foi 3 de julho e, a partir dessa definição, procurei minhas amigas e editoras Ana Beatriz Manier e Amanda Lobosco para pedir apoio na divulgação do encontro. Luciana Lamblet, sócia da única livraria da cidade, Janaína Botelho, presidente da Academia Friburguense de Letras, e a jornalista Kiki Gurjão também se uniram a esse chamamento.

Aquela manhã ensolarada do inverno coloriu o céu e aqueceu nossos corpos e corações. O local escolhido para o registro foi a escadaria do antigo fórum da cidade, em frente à praça Getúlio Vargas. Lugar que, embora desgastado pelo tempo, é emblemático de encontros diversos e ostenta uma linda arquitetura.

O grupo que se reuniu contava com crianças, jovens, adultas e idosas, representantes de gêneros literários variados. Nos encontramos às 9h30 para que pudéssemos nos (re)conhecer e abraçar. O convite foi espalhado pelas cidades da redondeza e havia escritoras de vários lugares. Com o fantasma da Covid-19 se distanciando, foi um bálsamo estar ao ar livre rodeada de pessoas.

O clima era de realização. O encontro entre mulheres que escrevem trouxe ânimo e grande alegria ao grupo. Antes da foto, pudemos trocar informações sobre nossos livros, compartilhar nossas redes sociais e fortalecer um movimento que não ficará apenas nessa imagem.

Márcia Lobosco

Cercada por tanto mar, a Ilha do Governador localiza-se na Baía de Guanabara, Rio de Janeiro. O local escolhido para Um Grande Dia, então, não poderia ser outro: uma praça beirando a orla e em frente a um ponto turisticamente conhecido por todo insulano: a Pedra da Onça. O bairro: Freguesia, limítrofe com a área militar, de onde grandes galhos com cipós de árvores generosas e suas sombras convidativas pulavam o muro. E a praia da Guanabara... Manhã avançando, calor amenizado pela brisa do mar. Horizonte lá longe, azul e azul. Uma mesinha com café, chocolate, bolo e biscoitinhos. No meu coração, uma frustração dolorida com a correria em cima da hora para substituir um fotógrafo furão. Quem atenderia ao chamado feito nas redes sociais? A Ilha do Governador é celeiro de muitos escritores e artistas. Cheguei com minha mãe e nossos livros a tiracolo. O dela, publicado um ano antes, estreia literária aos oitenta anos. Que orgulho! Autoras chegando, amigas de jornada, lida e vida literária. Dez. Quem mais viria? Abraços, conversas, sorrisos, encontros e reencontros. Roda de leitura de trechos ou de versos, apresentações, confissões. A foto, diversão garantida. Éramos meninas novamente, inquietas, barulhentas, demos trabalho para o clique oficial. No fim de tudo, hora do almoço, hora da despedida. E o início de um coletivo que pretende ecoar a voz feminina das linhas e entrelinhas de cada verso ou parágrafo nos quais transbordamos nossa mulheridade.
Klara Rakal

Ana Cristina Sá
Beth Caldas
Cristine Champeval
Cláudia Fazeh
Cláudia Pinto
Irene P. Jardim
Klara Rakal
Maria I. B. Soares
Suzana Jorge
Vera Bastos

Pedra da Onça
Foto: Antonio Alexandre
Ferreira Correia
9 de julho de 2022

Ilha do Governador, RJ

Alice Rodrigues
Aline Cardoso
Amira R. Medeiros
Ana A. Peixoto
Ana Coutinho
Ana K. Soares
Ana Lia Almeida
Anna Apolinário
Bianca Rufino
Cibele Laurentino
Clarissa Moura
Cris Estevão
Cristine N. Leite
Dapheny Leandro
Débora Ferraz
Débora S. da Rosa
Ezilda Melo
Gilvanedja Mendes
Graça Nascimento
Iasmim L. Guedes
Isadora T. de Lira
Jennifer Trajano
Jeovânia P.
Laís Nobre
Larissa Mendes
Larissa Rodrigues
Louise Fumeiro
Lúcia Wan
Luíza P. D. de A. Carneiro
Manu Coutinho
Maria Aparecida do N. Silva
Maria Brasil
Maria da Paz
Maria do D. L. da Costa
Maria Valéria Rezende
Mariana Tabosa
Marília Valengo
Marilize Bentes
Marina B. V. da Silva
Marineuma de Oliveira
Michelle C. Buss
Naíla Cordeiro
Nara Santos
Natália Luna
Paloma Alcantara
Porcina Furtado
Priscilla Cler
Rinalva R. Ataíde
Romarta Ferreira
Sandra R. Azevedo
Sephora Christt
Suênia Amani
Suzana P. Gonçalves
Valeska Asfora
Wilma César
Wyrlla Rebeca

Em João Pessoa, o evento Um Grande Dia reuniu mais de setenta escritoras e aconteceu no Hotel Globo, local onde foi organizada a primeira feira literária da cidade. Houve contação de histórias para crianças e uma roda de conversa sobre livros, leitura, literatura e bibliotecas. Não tivemos apoio institucional para organizar a foto — contamos apenas com um microfone e uma caixa de som emprestados. Festejamos com luta e poesia mais uma edição do Sarau Selváticas e registramos algumas das escritoras que atualmente integram a cena literária da cidade.

Hotel Globo
Foto: Vanessa Pessoa
9 de julho de 2022

Organizar esse momento nos revelou o quanto ainda precisamos avançar em termos de incentivo à leitura e à realização de encontros entre autoras e leitores, além de viabilizar eventos para o público infantil com o objetivo de formar novos leitores. Mas estar presente nessa fotografia foi muito gratificante. Apesar de enfrentar muita correria e disputar lugar e narrativa com a fundação cultural municipal pelo espaço do hotel, foi um momento feliz e intenso.

Depois desse evento, surgiu a ideia de organizarmos uma convenção de escritoras vindas de várias cidades para poder construir a imagem de autoras contemporâneas das mais variadas regiões da Paraíba. Essas escritoras ousam erguer a voz para contar suas histórias, empunhar seus livros e tecer contranarrativas diante de uma sociedade capitalista, machista, racista, misógina e patriarcal que nos cerceia e tenta a todo custo nos silenciar. Com essa fotografia, mostramos não apenas que existimos, mas que somos muitas e muito potentes.

Aline Cardoso

Escolhemos uma escadaria no centro da cidade, que é também um ponto turístico, para realizar a foto reunindo escritoras diversas. Além de resultar em uma imagem tão significativa, esse evento promoveu uma aproximação mais íntima entre nós e também alimentou várias novas ideias, como a criação de uma feira literária na Biblioteca Pública de Niterói. Essa ideia se concretizou e até agora foram realizados dois ótimos encontros com rodas de conversa, declamação de poemas, contação de histórias, apresentação musical e vendas de livros.

Conhecer melhor essas mulheres potentes e suas respectivas histórias foi muito significativo para todas. A partir desses eventos surgiu ainda o projeto de uma antologia de poemas, organizado pelo projeto Literatura na Varanda, coordenado pela Tânia Ribeiro Roxo. Esta foto foi, portanto, não apenas um registro histórico, mas também a semente de várias realizações que expandem a nossa atuação como escritoras. Um grande dia!

Ivone Rosa

Ana Luísa Magalhães
Angela Moreira
Betty Veríssimo
Brenda Rédua
Cleia Nascimento
Elisangela Habitar
Fátima C. Daniel
Flávia Joss
Ivone Rosa
Kelly Souza
Lenir Moura
Lígia H. P. Carvalho
Maria N. Barboza
Mariney Klecz
Natália Mendonça
Patrícia B. Schunk
Rachel S. Antonio
Raimunda S. Santana
Rebeca P. Carvalho
Renata Toledo
Roseni de S. Batista
Shirley de O. Pinto
Tânia Ribeiro Roxo
Vanessa Oliveira
Yonara Costa

Igreja Matriz de São Gonçalo
Foto: Jaqueline Marinho
10 de julho de 2022

São Gonçalo, RJ

São muitos os motivos pelos quais mulheres convidam outras para uma ação conjunta. Desde o tempo em que nós mulheres nos juntávamos a cantar em uníssono enquanto a roupa era batida na pedra do riacho e quarava ao sol até as caminhadas que ecoam as batidas ritmadas de nossos pés pelas ruas a evidenciar nossos corpos doloridos e desejos reprimidos, bradar que "não é não!" e clamar pelos nossos direitos. Nossos parâmetros não se encaixam subservientemente em um modelo de comportamento pré-concebido.

Chamar a si e a outras mulheres para subir as escadas da Paróquia São Joaquim e, a partir deste conclame, instituir um grupo de escritoras que inscreve aspirações, atos, desejos, ajustes, sentenças, clarividências, é revelador. O sentimento de um novo pertencimento aquecia o vento forte e insistente que vinha do mar, misturando-se entredentes ao riso solto em coloridas bocas.

Se fechássemos os olhos e víssemos, um século antes, outras mulheres subindo esses degraus, ouviríamos um delicado burburinho e depois as rezas de descendentes de açorianas e de africanas, de longos vestidos comedidos de algodão, a agradecer filhos e família, peixes e colheita, e a pedir que as ondas sejam mansas com seus homens enquanto eles cercam mais uma baleia para extração de óleo.

Tirar uma foto com um livro na mão é uma dermarcação. Descemos as escadas da paróquia histórica mais conscientes do que somos: mulheres profissionais essenciais na engrenagem social. Na Casa de Cultura, combinamos prosseguir em reuniões itinerantes. Benditos sejam doravante nossos escritos. Palavra é força motriz.

Valdiria Thorstenberg

Carime R. Elias
Carmem S. Silva
Cida Dias
Denise W. de Oliveira
Eveline Klein
Fátima Magalhães
Hoiama G. Homem
Joyce Kwiatkowski
Kamila Melo
Sandra A. Severo
Thayse Vasconcelos
Valdiria Thorstenberg

Escadaria da Paróquia
São Joaquim
Foto: Heloisa Ribas
12 de julho de 2022

Garopaba, SC

Não existia nenhum movimento de escritoras de Itajaí. As escritoras daqui se conheciam, mas se encontravam apenas em reuniões pragmáticas, como as reuniões das Câmaras Setoriais e do Conselho de Cultura ou em eventos de lançamentos de livros ou oficinas. Realizar um encontro de mulheres escritoras para fazer uma foto trouxe um tanto de afeto para o momento. Primeiro, foi preciso o movimento de uni-las num grupo de WhatsApp, explicar sobre o projeto e tentar encontrar a data e o horário que seriam melhor para todas, o que se mostrou uma dinâmica praticamente impossível. Optamos pelo horário com mais pessoas disponíveis, sabendo que outras fotos teriam que ser feitas mais para frente para dar conta de abarcar tantas que somos.

Pouco a pouco, as escritoras foram chegando. Doze das trinta convidadas vieram. Era um sábado frio de julho, 8h30 da manhã, e o espaço escolhido foi a Biblioteca Pública, um espaço que desejamos ocupar. Os momentos que antecederam a foto foram para nos conhecer, papear, mostrar nossas publicações e dar boas risadas. O tempo era pouco — algumas já tinham outros compromissos logo depois —, mas foi suficiente para que surgisse a vontade de realizar outras atividades juntas. Desde então, a partir desse encontro para a foto histórica, começamos a fazer encontros mensais para ler e falar de nossas leituras e escritas, e outros momentos de troca se tornaram possíveis.

Gika Voigt

Biblioteca Pública de Itajaí
Foto: Gika Voigt
23 de julho de 2022

Itajaí, SC

Édina Calegaro
Érika Batista
Flávia Santos
Heloisa Abrahao
Jackeline Pires
Kátia Nascimento
Mabel Pessoa Spíndola
Roberta Bittencourt
Rosana Siqueira
Sarah Uriarte
Vanessa Gonçalves

Ver dezenas de mulheres negras juntas, empunhando seus livros — ora como adagas, ora como espelhos — é a realização de um sonho nosso e de nossas ancestrais. A ideia da foto das escritoras negras na escadaria do Bixiga, local simbólico por estar na região do Quilombo Saracura, surgiu após a realização da foto no Pacaembu, que reuniu mais de quatrocentas escritoras, sendo menos de 10% delas negras. Felizes com o momento, mas sentindo falta de representatividade, nos aquilombamos e decidimos que faríamos uma foto que reuniria um número maior de escritoras negras do que as que estavam ali presentes, pois sabíamos que éramos um grupo maior do que aquele. E, para nossa surpresa e alegria, a Escadaria lotada ecoou nosso saber: escritoras negras existem e são muitas! A nossa foto histórica mostrou que existimos e somos diversas. Além de reunir várias gerações, a foto representou um recorte importante, a partir da foto do Pacaembu. Mulheres cúmplices do fazer literário, vindo de diversas cidades paulistas e de outros estados brasileiros, enchendo a escadaria com a poética de quem funda um quilombo de escrevivência, que fortalece cada uma de nós individual e coletivamente. Todas essas mulheres são tecelãs das palavras, que, em verso e prosa, se eternizam escritoras.

Coletivo de Escritoras Negras Flores de Baobá: Benedita Lopes, Catita, Cláudia Walleska, Esmeralda Ribeiro, Joice Aziza, Mari Vieira e Samira Calais

Amanda Maciel
Ana Karoline Costa
Ana Lucia dos Santos
Ana Lúcia Soares
Ana Regina Gouvêa
Andrea Isaias
Ariadne dos Santos
Ayana Martins
Beatriz Lima
Beatriz Felix
Bel Santos Mayer
Benedita Lopes
Bitta Bardo
Bruna da Silva
Carmen Faustino
Catita
Célia Reis
Cláudia Walleska
Conceição Rosa
Dea Henrique
Débora da Silva
Débora Santos
Denise Rodrigues

Escadaria do Bixiga
Foto: Anna Carolina –
Fridas Comunica e Fotografa
23 de julho de 2022

Elaine Vital
Elizabete dos Santos
Elizandra Souza
Esmeralda Ribeiro
Fabiane Gonçalves
Fernanda de Paula
Fernanda Farias
Flávia Martins
Giuliana Batista
Joice Aziza
Josi Lima
Josy Asca
Lenny de Oliveira
Lívia da Silva
Luciana de Araujo
Luciana da Anunciação
Mabel de Souza
Mafuane Oliveira
Mara da Silva
Mari Vieira
Maria Aniceto
Maria Andrade
Maria Soares
Maria Isabel dos Santos
Maria Queiroz
Mariana Santos
Marli Aguiar
Oluwa Bento
Priscila dos Reis
Rosangela Barros
Samira Calais
Sandra Regina
Shirlei Moura
Simone Nascimento
Solange Santana
Suely Rezende
Tatiana Nascimento
Vera Campos
Vilma Souza
Viviane Motta
Viviane da Silva
Zainne Silva

Adriana Krauss
Andréa Gustmann
Arlete Trentini dos Santos
Caroline Carvalho
Denise Bittencourt
Denise I. Anzorena
Denise Patrício
Edltraud Z. Fonseca
Elke C. S. Moser
Jacqueline L. Roepke
Joanna Leoni
Milena Possamai
Nana Toledo
Neida Rocha
Nicoli C. Ruprecht
Raquel Gastaldi
Rosane M. Martins
Tamara Z. Fonseca
Tânia M. da Silva
Tânia M. M. Liesenberg
Terezinha Manczak

Escadaria do
Teatro Carlos Gomes
Foto: Sabrina Marthendal
20 de agosto de 2022

Blumenau, SC

UM ENCONTRO ENTRE O QUE FOMOS E O QUE VIEMOS SENDO, UMA DIVERSIDADE QUE NOS FAZ ACREDITAR NA FORÇA DA MULHER E DE NOSSOS ESCRITOS.

"A palavra é meu domínio sobre o mundo." Tomamos as palavras de Clarice Lispector que bem resumem o encontro para registro do Um Grande Dia para as Escritoras de Blumenau e do Vale do Itajaí. Para nossa surpresa, conseguimos reunir um grande número de escritoras de nosso entorno — mulheres que vêm investindo na escrita para a infância, outras com seu olhar voltado para a poesia e o haicai, assim como aquelas que se lançam na escrita de romances e contos. Nessa diversidade, o encontro se deu entre escritoras que publicam seus trabalhos de maneira independente e escritoras que preferem estabelecer parcerias com editoras. Sabrina Marthendal foi nossa fotógrafa, com um olhar muito sensível. Assim que chegou, se colocou à disposição, e pôde dessa maneira registrar abraços, partilhas e o entusiasmo das participantes. Nunca tivemos um movimento de tal significado para nosso município e região, e nos sentíamos fazendo história. Escritoras muito jovens, mulheres maduras, mulheres trans; um encontro entre o que fomos e o que viemos sendo, uma diversidade que nos faz acreditar na força da mulher e de nossos escritos, definitivamente nosso "domínio sobre o mundo", como nos fala Clarice.

A escolha do local da foto foi acolhida pelo grupo, por ser um lugar de manifestações artísticas e coletivas na cidade. A escadaria do Teatro Carlos Gomes já serviu de palco para diversos movimentos e, na data em que nos reunimos, acontecia o evento do Coletivo Colmeia, promovido anualmente pelo setor artístico e cultural de Blumenau com inúmeras atrações, ocupando espaços do teatro e oferecendo acesso gratuito à comunidade. Foi bem oportuno e ainda mais significativo fazer parte desta egrégora multicultural. Sentimos a falta de algumas escritoras que não puderam estar presentes, mesmo assim, o encontro e a foto carregam esta soma de energias literárias, propósito deste grande dia.
Caroline Carvalho e Nana Toledo

Alciony Menegaz
Alice V. R. Silva
Alma Ayedum
Ana Carolina Wolfe
Ana Flávia de S. Lima
Aurea de A. Laguna
Camila Móra
Cândida T. Gonçalves
Cecília Figueiredo
Celia R. Andreoli
Dumara P. Jacintro
Eliane Ratier
Elisa Alderani
Flávia Mantovani
Gabriela R. Ferreira
Gina M. Hegiom
Isabela Duarte
Jenny Rugeroni
Kaynara P. Rimoldi
Larisse Nolasco
Luara P. de C. e Mendes
Luzia M. Granato
Mara Senna
Maria Carolina Lascala
Maria de Lourdes V. Rodrigues
Maria Fernanda Kroll
Marília Marcucci
Marina de Salles
Maris Ester de Souza
Marli C. P. Rodrigues
Natalia A. Gomides
Nayara T. Vieira
Nely C. de Mello
Odete S. Dias
Paloma B. F. Damas
Rafaella P. Rimoli
Rebeka Gabrielly
Regina de L. Baldini
Rita A. F. C. da Cruz
Rita de Fitas
Sheila Ozsvath
Sofia Amorim
Solange S. Pestana
Sônia M. C. de Albuquerque
Stélia Castro
Sueledy T. R. Mortol
Tati Brechani
Vanessa Milani

Fotografar o coletivo, é disso que se trata: cuidar de uma memória, registrar as tantas mulheres que escrevem, à revelia do que historicamente nos fizeram crer. Por coincidência, eu estaria em São Paulo naquele domingo do dia 12 de junho, mas, talvez por não me sentir escritora, por falta de firmeza pra assumir que escrevo, acabei não indo ao Pacaembu. Fiquei aguada e de olho nas fotos que surgiram. Me emocionei com alguns relatos e voltei a Ribeirão Preto num siricutico de ver a foto acontecer na minha cidade.

Comentei a ideia com o pessoal da Biblioteca Sinhá Junqueira (BSJ),

Biblioteca Sinhá Junqueira
Foto: Thainá Rossati
20 de agosto de 2022

situada em um prédio histórico e imponente a ser ressignificado. "Bora fazer!", disseram. Escrevi pra Giovana Madalosso, ela falou de fotos que ainda aconteceriam. Fechou. Que alegria! Vambora. Decidimos aproveitar a Feira Internacional do Livro, a FIL, para mobilizar as escritoras. A Sheila Ozsvath, do Leia Mulheres, a Ana Leticia, do Livro Prosa e Cia, a Tati Brechani, a Rafa Rímoli e algumas outras fortaleceram a divulgação nas redes e no boca a boca. Rolou. A gente convidava as minas e muitas diziam: "Mas eu?" "Sim, ué, você não escreve?".

Foram vigorosos e retumbantes sins. Havia uma vibração diferente, escritoras alegres! Bonito ver mulheres chegando, se mostrando escritoras, se dizendo escritoras. Deu trabalho fazer com que todas elas coubessem na foto, mas dá-se um jeito e o jeito foi parar o trânsito. Que os carros passem depois. Fiquei tão grata por fazer parte deste momento único e senti que todas também estavam. Agora queremos um coletivo de escritoras da cidade, porque queremos escrever juntas as nossas histórias. Parece que ali foi um bom começo.

Flávia Mantovani

Foi numa tarde de domingo, num sol digno de Teresina, que resolvemos nos juntar. Primeiro, para mostrar que existimos, que produzimos, reafirmando, assim, nossa existência; segundo, para protestar contra o governo vigente à época, deixando clara a nossa posição, que somos a favor da cultura, sempre!

A foto histórica foi como a cereja do bolo, ornando a onda crescente de visibilidade e autoestima que vem acompanhando a escrita literária feita por mulheres cis e trans. Um preparo que nunca ficará completamente pronto, porque está sempre em processo. Para isso, é importante ressaltar a importância de alguns coletivos, como Leia Mulheres e Mulherio das Letras, pois eles têm viabilizado e ajudado nessa constante produção coletiva.

Não conseguimos reunir nem a metade das escritoras contemporâneas teresinenses, pois ainda enfrentamos muitos obstáculos que começam dentro do nosso próprio lar, como as dificuldades de conciliar as várias jornadas de trabalho, de termos nossos trabalhos publicados, e, não menos importante, de nos denominarmos escritoras. O sistema excludente deixou muitas de nós de fora e, por isso, ressalto que é na força do coletivo que, aos poucos, vamos conseguindo reunir as escritoras, não necessariamente na mesma foto, mas na ideia, na semente que foi plantada, e que dará belos frutos no futuro.

Afirmo que o sentimento predominante no coração daquelas que estavam presentes naquela tarde era de orgulho. E o sol, que por tantas vezes nos castiga, foi testemunha desse momento, ajudando a realçar nossos sorrisos e nos lembrando que a caminhada é árdua, porém esperançosa.

Dani Marques

Escadaria da Igreja
São Benedito
Foto: Murillo Garf
28 de agosto de 2022

Teresina, PI

Araceli M. A. Silva
Dalva R. Freire
Dani Marques
Fernanda M. A. Carvalho
Jasmine S. R. Malta
Laís de S. Romero
Lorena N. Borges
Márcia E. de Carvalho
Maria A. P. Vanderley
Marina Carvalho
Rachel V. Rabello
Reizimar M. de Souza
Susyanne A. de Oliveira

Quando entrei em contato com minha amiga Mariana para sugerir que convocássemos escritoras locais para a foto, nem tive dúvidas de que eu era escritora, o que depois questionei, como já havia questionado outras vezes. Contudo, naquele momento, tive certeza de que eu e Angra devíamos fazer parte do movimento Um Grande Dia para as Escritoras. E minha decisão de buscar meus pares não foi solitária. O planejamento para a foto e o bate-papo foi organizado por mim e pela Mari. Discutimos cada detalhe do encontro e conhecemos mulheres que desejavam tanto quanto nós saber quem eram as outras mulheres que escrevem nas mais diversas paisagens, nos mais variados contextos, de um território sem uma cena literária. Não à toa, o que mais ouvimos foram depoimentos que mencionaram a alegria e o prazer de estar ali, no ateneu que Raul Pompeia passaria a dividir conosco, falando a mesma língua, ainda que em línguas diferentes, e ainda que cada uma tivesse saído de um país muito particular.

Meu encontro com a Mariana, que se desdobrou no encontro com tantas mulheres talentosas e admiráveis, se desdobrou num coletivo, e, depois, num clube de leitura, mantido com regularidade desde outubro de 2022. Assim, A Estrangeira, primeiro coletivo de escritoras de Angra dos Reis, foi criado, porque existiu a foto no Pacaembu, quando escritoras ainda sem rosto nem nome se revelaram com passos firmes ao mesmo tempo em que inauguravam caminhos.

Paula Silva

Alexandra Nóbrega
Carina A. Gullo
Clarissa Plácido
Fernanda Castro
Gabriella V. Bullé
Gabrielle Abreu
Jamile Lisboa
Julia Maia
Laysla F. de O. Machado
Maria Aparecida da C. Silva
Mariana Souza
Paula Silva
Pietra M. A. Alberto
Suely de F. R. Cerqueira
Tatiana Tostes
Valéria Moura
Vanessa Syrio

Escadaria da Câmara Municipal
Foto: Beatriz Rezende
27 de agosto de 2022

Angra dos Reis, RJ

Ana Pirolo
Berta B. Hechtman
Cilene Campos
Cris Arantes
Daniella Peneluppi
Dila Bento
Dinah R. de Amorim
Drika Yar
Gianni S. Cruz
Glafira M. Corti
Isabela de A. dos Santos
Isabela Malva
Isis S. de Freitas
Jane Costa
Josiane Feliciano
Kaline Bogard
Karina Issamoto
Keila Cristiane
Larissa Eloise
Liege Esteves
Luciana Oliveira
Ludmila Saharovsky
Marcela Ondei
Margarete Brito
Maria de Fátima S. C. da Silva
Maria F. Iglesias
Maria Izabel R. de Oliveira
Maria M. N. T. Pinto
Maria Marques
Marry de Faria
Miriam Amélia
Mirian Ferreira
Monique C. dos Santos
Nazareth Ferrari
Nina Dó Ré Mi
Olivia M. M. Alves
Priscila Mota
Rachel Abdala
Raquel C. de Oliveira
Renata Oliveira
Sandra Guimarães
Sheila Kuno
Silvana Montemor
Silvinha Simões
Sônia Evaristo
Sueli Canfora
Terezinha Ribeiro
Thais Matarazzo
Val Saab
Vanderleia Santos
Vanessa Alves
Verônica Monteiro
Yasmin A. da S. Pinto

Shopping Via Vale
Foto: Marcia Costa
27 de agosto de 2022

Escritora e jornalista, Thais Matarazzo foi membro fundadora do Grupo Coletivo São Paulo de Literatura e promoveu um sarau modernista com microfone aberto que teve participação da Diretora da Biblioteca Municipal Paul Harris, Ana Maria Guimarães Rocha, e toda a sua equipe da Instituição Pública.

Thais não media esforços para lutar pela literatura brasileira e ajudar autores independentes com muito carinho e extrema sensibilidade. Lutava contra um câncer, que, infelizmente, tirou sua vida ainda bastante jovem. Sua carreira literária, enquanto durou, foi de muita dedicação e reverência em prol da educação e cultura do nosso país. Reuniu várias mulheres escritoras com o intuito de revelar seus dons e talentos através da escrita e fez exposições de lambe-lambes, mostrando a criatividade, grandeza e persistência feminina. Thais se foi no dia 11 de janeiro de 2023, quatro meses após ter organizado as fotos do ABCD Paulista e do Vale do Paraíba do movimento Um Grande Dia para as Escritoras. Que seu trabalho em prol das escritoras brasileiras seja lembrado e honrado neste livro.

Jane Costa

No dia 3 de setembro de 2022, a escritora paulistana, superinteligente, amante da literatura e incansável Thais Matarazzo organizou um encontro maravilhoso de mulheres escritoras negras e indígenas do Grande ABCD Paulista e da Academia Popular de Letras (APL) na Biblioteca Municipal Paul Harris, em São Caetano do Sul (SP). Uma foto histórica e muito especial foi feita com as escritoras que se dispuseram a ir ao evento Um Grande Dia para as Escritoras. Esse dia foi histórico, mesmo com a ausência de algumas mulheres convidadas, que, por vários motivos, principalmente a distância, não puderam comparecer. Lembramos dessas mulheres com carinho, pensando na importância da união de todas por um bem maior, assim como hoje lembramos de Thais, que foi levada precocemente por um câncer no dia 11 de janeiro de 2023.

Não pude participar da foto desse evento tão importante, mas me senti presente junto à Thais, dentro do livro que estava em suas mãos, *Ser girassol*, no qual sou mencionada carinhosamente por ser também uma paciente oncológica. Nós duas nos conectamos pela poesia e a Thais, sem dúvida, foi um belo girassol no jardim de muita gente, iluminando e ensinando o caminho literário com seu sorriso encantador, apontando a luz em meio à escuridão que percorremos ao longo da nossa existência terrena. Que possamos seguir firme com seus exemplos e continuarmos com o projeto Um Grande Dia para as Escritoras.

Jane Costa

Biblioteca Municipal
Paul Harris
Foto: Gilberto Cantero
3 de setembro de 2022

Aderilza Santana
Alexia Annes
Aline Peruzzo
Amanda Santini
Ana Catarina S. Novaes
Ana G. dos Santos
Ana Jalloul
Ana Lins Vasconcelos
Ana Maria G. Rocha
Bruna Maia
Camila Bazini
Cida Simka
Cleonice Ramos
Cris Ladeia
Daniela Terehoff
Edna Kalil
Érica Martins
Fariba Vahdat
Glafira M. Corti
Graziella Almeida
Iracema M. Regis
Kátia Gomes
Keli Braz
Lenice Melino
Lígia Picolo
Márcia Gallo
Margarete Schiavinatto
Maria José Ponte
Milena Ramos
Mônica Broti
Nina Kuzmetzow
Norma Nicoletti Camargo
Odete Krugner
Patrícia Gallo
Paula Aviles
Priscila Debly
Regiane Harich
Regina Martinez
Rita de C. Ficadori
Silvana Ieda
Sucena S. Resh
Sueli Gutierrez
Suzete T. Moreno
Thais Matarazzo

No dia 11 de junho de 2022, senti-me presente — de alma — no registro maravilhoso do Um Grande Dia para as Escritoras organizado em São Paulo, cidade que me acolheu por muitos anos, onde lancei meu primeiro livro. Fiz então um chamado para outras autoras brasileiras na Suíça, para participarmos deste movimento tão potente. Em 29 de outubro, finalmente, um encontro foi possível. Neste dia, organizei o lançamento do livro de Ana Paula Etienne na biblioteca intercultural Pestalozzi Bibliothek Zürich Hardau, onde atuo como contadora de histórias e faço a curadoria do acervo em português. Foi uma tarde de contos, brincadeiras, música, memórias, encontros de gerações, que culminou neste retrato alegre de três mulheres que escrevem em diferentes linguagens: jornalística, infantil, acadêmica, poética. Uma imagem que tanto irradia: múltiplos sotaques e origens, os voos, a saudade, as experiências de mulheres imigrantes em busca de um Brasil fora do Brasil, para nós e para nossas crianças. Registro que representa também outras autoras brasileiras na Suíça — e são muitas! — às quais damos as mãos em uma vasta roda. Uma mágica: sincronicamente, neste mesmo dia, Lia de Itamaracá, um de nossos maiores patrimônios culturais, esteve em terras helvéticas e puxou a ciranda que nos manteve sãs e vibrantes para enfrentarmos a luta do dia seguinte, um dos mais desafiadores que nossa geração já viu: o segundo turno das eleições que recolocaram o Brasil nos trilhos da democracia.

Andréa Zemp Nascimento

Biblioteca Intercultural
Pestalozzi Bibliothek
Zürich Hardau
Foto: Lya Sayuri
Pfenninger
29 de outubro 2022

Ana Paula Etienne

Andréa Zemp Nascimento

Liliana T. Bäckert

Zurique, Suíça

ESCREVEMOS EM TODAS AS EXPRESSÕES DE PENSAMENTO, INCENTIVAMOS NOVAS LEITORAS E TAMBÉM FUTURAS ESCRITORAS.

Um dia diferente no calendário de todas nós que acordarmos no dia 11 de dezembro de 2022, trazendo boa vontade para somar com nossas forças e as histórias pessoais sendo reescritas por esta iniciativa que se transforma em um novo capítulo de nossa trajetória literária. O projeto Um Grande Dia para as Escritoras surgiu em um momento em que o feminino estava fazendo suas próprias releituras internas com mais liberdade verbal. Como autoras mais íntimas do significado das palavras-pedaços de mundo que escrevemos em todas as expressões de pensamento, incentivamos novas leitoras e também futuras escritoras. Que todos os dias sejam sempre um grande dia para este nascedouro.

Elisa Carvalho

Ana Malfacini
Camila Cabral
Débora Corsi
Elisa Carvalho
Lee Brasil
Luciene Lima
Naiade D. Rodrigues
Renata Orlandi

Biblioteca Municipal
Raul de Leoni
Foto: Talita Silva
11 de dezembro de 2022

Biblioteca Parque
da Rocinha
Foto: Steff Vila Nova
17 de dezembro de 2022

Aline Chagas
Bianca Sartes
Carminha Pereira
Danielle Delaneli
Dione Prado
Ester da Luz
Francisca Oliveira
Joana D'Arc Lage
Katia Pires Chagas
Leidijane Chagas
Lindacy Menezes
Luciana Bezerra
Maria Consuêlo P. Santos
Maria Lucas
Maria R. da Silva
Raquel de Oliveira
Renata Souza
Rose Firmino
Sabrina Rosa
Valéria Barbosa

O evento Um Grande Dia para as Escritoras na Rocinha mostra a coreografia e potência do vento que é esse movimento que se espalha por outros jardins e dá lugar ao desabrochar de outras flores. A literatura que brota das mãos de escritoras de periferias do Rio de Janeiro não é novidade e sempre esteve a crescer e reproduzir: seja nos saraus; na abertura de caminhos feita por Chica da Rocinha; na força do feminino da poesia de Aline Chagas; na autobiografia delicada de Lindacy Menezes e na coragem de Raquel de Oliveira; no voo sinestésico e grito de liberdade de Maria Lucas; nas imagens que surgem das letras e vão para o cinema pelas roteiristas do Vidigal, Luciana Bezerra e Sabrina Rosa; entre outras.

São mulheres tão reais como as da literatura mundial organizada por Katia Pires Chagas. No dia em que fizemos a foto, 17 de dezembro de 2022, o espírito de luta estava presente nos nossos abraços e nos reencontros entre as

escritoras que já se conheciam e aquelas que trocavam palavras e livros pela primeira vez. Cheias de curiosidade, nós reivindicávamos visibilidade literária, porque escrever nós fazemos bem.

A ideia dessa fotografia surgiu após uma das participantes do Sarau Ciranda, Lívia Machado, propor uma conversa com uma das idealizadoras do Um Grande Dia para as Escritoras, Giovana Madalosso, que abraçou a ideia.

O dia chegou: tivemos outro evento na parte da manhã, o Encontro Superação, no alto da favela, e descemos a pé com algumas escritoras e a fotógrafa Steff Vila Nova, com seu olhar alegre pela importância deste dia. Foram mais de vinte mulheres na Biblioteca Parque da Rocinha, a C4. Sorrisos agora eternizados.
Um jardim perene.

Aline Chagas, Lindacy Menezes e Lívia Machado

Em um sábado nublado e com garoa, as mulheres de Itanhaém foram para rua, ao ar livre, com as gotas de chuva e do mar se encontrando com os seus corpos. A água, esse elemento intrínseco à paisagem itanhaense, parecia fertilizar o encontro feminino e potencializar as vozes daquelas cujo ofício é escrever. Décadas de experiências registradas em uma foto.

Naquela manhã de 11 de fevereiro de 2023, a Boca da Barra, onde o mar encontra o rio, recebeu as escritoras como células marinhas, guardiães da vida. O lugar transformou-se na nossa boca coletiva, aquela que fala, grita, incomoda e transforma. Professoras, psicólogas, religiosas, bibliotecárias, designers, biólogas, enfermeiras deixavam suas profissões na superfície para fazer emergir a força das escritoras. Ali, elas carregavam todas as suas profissões, mas eram também mulheres-mães, não mães, pretas, brancas, jovens, adultas e idosas. Todas, sem exceção, escritoras!

Os momentos que antecederam a foto foram de conversas, abraços, sorrisos. Poucos dias antes, o litoral de São Paulo havia sido devastado pelas chuvas. Por isso, nosso encontro teve também o sabor da dor compartilhada, da solidariedade e resistência fortalecidas.

Itanhaém, cujo nome em tupi significa "pedra que canta", viu suas escritoras sorrirem e cantarem. O som daquele encontro segue ecoando até hoje e para nunca mais parar. Assim como as ondas — flexíveis, diversas, fortes — as escritoras de Itanhaém seguirão fazendo de suas palavras caminho de intervenção artística para um mundo mais justo, sensível e humano.

Érica Jorge

Boca da Barra
Foto: Priscila Martins
11 de fevereiro de 2023

Itanhaém, SP

Alexandra Abdala
Caroline T. S. Costa
Chrystina M. G. Sagres
Elisabeth C. B. Watanabe
Érica Jorge
Estela O. P. da Silva
Evelyn N. Serafim
Fabíula C. Berti
Fernanda M. da C. Zechinatto
Fernanda R. do Nascimento
Isabel C. G. de Ponte
Lina de Lima
Luana R. dos S. Palma
Maria Alice Quaresma
Maria Elise B. M. G. Rivas
Maria Isabel S. Santos
Marta M. da Purificação
Rosana M. R. M. de Freitas
Sara P. Rufino
Sumaia M. Gonçalves
Vanda B. dos Santos
Vera Schimidt
Wandir V. L. Santos

Para além das imagens: ser escritora no Brasil

Deborah Goldemberg

Quando recebi a foto impressa do movimento Um Grande Dia para as Escritoras, ocorrido na cidade de São Paulo em junho de 2022, fiquei abismada. Primeiro, com o volume de mulheres naquele lugar grandioso, compondo um todo que, até então, me era subnotificado e pouco visualizado — as escritoras brasileiras. Observei a forma octogonal do grupo, tingida de preto no papel algodão. Uma curiosidade intensa tomou conta de mim — quem são elas? Preciso saber! De onde vieram? Qual terá sido a trajetória de vida dessas mulheres? Quais segredos estão por detrás de cada rosto daqueles que marcou presença na manhã ensolarada no Pacaembu e dos outros que apareceriam nas imagens que seriam feitas em diversas outras cidades do país?

Ser escritora no Brasil, e em boa parte do mundo, carece de sentido coletivo. Trata-se de uma profissão sorrateira (se é que dá para dizer que é profissão!), cujas aptidões se manifestam cedo e, quando não dá mais para esconder, causa espanto: "Quer ser escritora? Deus me livre! Quer morrer de fome?". Faculdades para escritoras, quase não há. As que há, dizem, acabam esterilizando sua paixão. Então, é raro que possam estar reunidas entre si e possam trocar, se organizar, se compreender. O Um Grande Dia proporcionou isso.

Como cientista social, resolvi elaborar um questionário com as perguntas que eu gostaria de fazer para mergulhar na realidade detrás de cada um daqueles rostinhos (e outras que pudessem situar as escritoras em termos raciais/socioeconômicos). Assim nasceu a pesquisa sociocultural sobre as escritoras brasileiras que participaram do movimento. Naquele momento, 1.649 mulheres haviam sido fotografadas no Brasil e no mundo (outras depois vieram, na medida que o movimento cascateou). Portanto, esse foi o universo da pesquisa, realizada por meio de um questionário eletrônico contendo 47 perguntas sobre temas sociais, econômicos e culturais, cujo link foi enviado pelas redes do Um Grande Dia.

Aguardei o passar dos dias com ansiedade. As respostas foram chegando ao longo de quinze dias (prazo estipulado) e esse "retrato interior" iluminou diversas questões sobre a realidade dessas escritoras, identificando forças e desafios, além de apontar alguns caminhos para o futuro. Ao final, 393 mulheres responderam ao questionário, o que garantiu uma amostra de 23,8% de representatividade dentro do conjunto total de mulheres que participaram das fotografias. Compartilho aqui os principais resultados da pesquisa:[1]

A maioria das escritoras que participaram da amostra tem entre 40–50 anos, seguidas das de 30–40 anos e 50–60 anos. A maioria das escritoras não tem filhos (43,8%); 23,9% têm um filho e 21,9%, dois filhos. Também são, em maioria, brancas (68,8%), seguidas de 28% negras/pardas e 0,8% indígenas; e autodeclaradas cis (94%), seguidas de não binárias (1%). Em resposta à orientação sexual, 84,5% se autodeclararam heterossexual-afetiva; 12%, bissexual-afetiva, seguidas de 2%, homossexual-afetiva.

As escritoras entrevistadas começam cedo. Quase metade (48%) das que responderam o questionário começou a escrever entre 8 e 15 anos de idade, ou seja, a vontade de ser escritora se manifesta principalmente na pré-adolescência, apesar de haver também um pequeno pico (5%) aos 20 anos (idade universitária) e outro aos 40 (época dos filhos crescidos, talvez?). O mérito aqui vai para as professoras e professores das escolas, que despertam esse interesse, segundo relatam.

No entanto, o primeiro livro dessas escritoras só vem ao mundo bem mais tarde. Para a maior parte delas, apenas, em média, aos 38 anos. Isso significa um intervalo de cerca de 23 anos entre a descoberta do ser escritora e a publicação do primeiro livro. Antes disso, as escritoras publicam seus textos em antologias, blogs, fanzines, livros artesanais, redes sociais, e-books, revistas empresariais, de escolas, de bairros ou de universidades, mas mesmo nessas categorias mais acessíveis, a primeira publicação ocorre em maior número apenas após os 30 anos.

Entender a causa desse "atraso" é importante. Qual será a dificuldade em "sair da gaveta"? Timidez? Insegurança? Falta de oportunidade? A pesquisa foi revelando essas causas.

É notável o quanto as escritoras estudam para escrever. Quase 73% delas estudaram literatura para serem escritoras, ainda que não seja uma profissão regulamentada, sendo que 17% fizeram mestrado e 12%, doutorado na área. A proporção de doutores e doutoras no Brasil em todas as áreas é de 0,2%, e de mestres é de 0,8%. Nos países da Organização para a Cooperação e Desenvolvimento Econômico (OCDE), formada por 35 países, a proporção é de 1,1% para doutores/as, e de mestres, 13%. Ou seja, as escritoras fazem um esforço desproporcional para se qualificar para o ofício, até pelo padrão internacional.

1 D. Goldemberg, "Quem são as escritoras da foto histórica?", *Quatro Cinco Um*, 4 out. 2022. Disponível em <https://quatrocincoum.folha.uol.com.br/br/artigos/literatura/quem-sao-as-escritoras-da-foto-historica>. Acesso em mar. 2023.

“Quase 73% das escritoras da pesquisa estudaram literatura para serem escritoras, ainda que não seja uma profissão regulamentada, sendo que 17% fizeram mestrado e 12%, doutorado na área.”

As escritoras escrevem muito! As escritoras da pesquisa escrevem, em média, há 22 anos. No entanto, nesse tempo, a maior parte publicou apenas um livro (32%); 6,5% delas ainda não publicaram e um pouco menos da metade segue para segunda publicação no presente momento. Isso significa que há um funil na passagem da gaveta para o livro.

A pesquisa revela um mercado editorial extremamente fragmentado. Quando se pergunta em quais casas editoriais essas escritoras publicaram seus livros, pasmem, o número de editoras ultrapassa o número de respondentes: mais de quatrocentas editoras! Algumas dessas, sabemos, são prestadoras de serviço. Algumas, sabemos também, prezam o sonho da publicação. Outras são as apelidadas carinhosamente de “euditoras” (um/a editor/a e um sonho). O fato é que, economicamente, essas editoras todas não se sustentam. A pesquisa evidencia isso ao sinalizar que 42,1% dessas mulheres se autopublicaram e, dentre as autoras que publicaram por editoras (68,7%), 56,2% participaram de financiamento coletivo — edições pagas ou com compromisso de venda dos livros.

São inúmeras as repercussões desse cenário editorial para a vida das escritoras e isso mereceria um estudo à parte. Inclusive, o cenário deve também afetar escritores homens, mas isso careceria de outro estudo comparativo. O certo é que, quando um elo de uma cadeia produtiva está tão populado e fragmentado, ele passa a oprimir os outros elos (no caso, o das autoras e autores) para se manter fora da zona de risco financeiro. Mesmo assim, o setor produz baixos resultados econômicos (de acordo com o que veremos adiante). Os baixos índices de leitura, como mostram os resultados da pesquisa *Retratos da Leitura no Brasil*[2] e falência de livrarias contribuem para esse quadro. Assim, há de se pensar mudanças coordenadas no setor e em políticas públicas como o edital Prêmio Maria Carolina de Jesus de literatura produzida por mulheres 2023, lançado pelo Ministério da Cultura.[3]

Mesmo nesse contexto desafiador, a pesquisa revelou que há um modelo de editoração que vem funcionando para escritoras mulheres. Algumas editoras concentram as escritoras da amostra, o que significa

2 De acordo com a 5ª edição da pesquisa realizada pelo Instituto Pró-Livro em parceria com o Itaú Cultural em 2020, o número de brasileiros leitores caiu de 56%, em 2016, para apenas 52%. Ver Z. Failla (org.), *Retratos da Leitura no Brasil*, 5. São Paulo: Instituto Pró-Livro/Itaú Cultural, 2020.

3 O edital premiará com 2 milhões de reais quarenta obras inéditas escritas por mulheres, sendo 50 mil reais para cada autora. Ver Ministério da Cultura, “MinC lança maior edital literário do país para mulheres e homenageia Carolina Maria de Jesus”, 5 abr. 2023. Disponível em <https://www.gov.br/cultura/pt-br/assuntos/noticias/minc-lanca-maior-edital-literario-do-pais-para-mulheres-e-homenageia-carolina-maria-de-jesus>. Acesso em mar. 2023.

É RARO QUE POSSAM ESTAR REUNIDAS ENTRE SI E POSSAM TROCAR, SE ORGANIZAR, SE COMPREENDER. O PROJETO UM GRANDE DIA PROMOVEU ISSO.

que estão apostando em literatura escrita por mulheres. A maioria entre as citadas são editoras de porte pequeno e médio que atuam de modo bem próximo das escritoras. Algumas das citadas são: Bestiário, Patuá, Urutau, Carlini & Caniato, Metamorfose, 7Letras, Caravana, Penalux, QuilombHoje, Quelônio, Autografia, Dublinense, Libertinagem, Concha, Cousa, Autêntica, Venas Abiertas. As autoras também citam o sistema de autopublicação da Amazon e a editora Record, de grande porte. Essas editoras estão em São Paulo, no Rio de Janeiro, em Mato Grosso, em Minas Gerais, no Rio Grande do Sul e no Paraná.

A questão de gênero no mundo editorial trouxe um ponto de atenção. A pesquisa aponta que a maioria das publicações das escritoras contou com editores homens (39,1%), ainda que as editoras mulheres não fiquem tão atrás (24,2%). A experiência mista é significativa (36,7%). No tema de assédio sexual no mercado editorial, 11% das escritoras declaram ter vivido assédio ou insinuação no processo de editoração e 10,4% relataram "talvez", ou seja, entende-se que vivenciaram algum mal-estar ou mesmo propriamente assédio. Ainda que não estejamos diante de uma incidência alta nesta amostra, dada, no caso, a baixa dependência financeira das escritoras na atividade (como veremos adiante) e a gravidade do tema, pode-se considerar que seja um ponto de atenção no setor.

Os dados sobre venda de livros são estarrecedores. Primeiramente, muitas escritoras nem sabem quanto venderam, já que muitas doam seus livros e não exigem informações comerciais de suas editoras. Com alto índice de não respondentes sobre o tema e "não sei" em 30% das respostas, frases como "Nunca contei", "Difícil contabilizar", "Tenho dificuldade em comercializar. Doo bastante", até "Só editoras têm essa informação" mostram que, na esteira da pouca confiança para escrever e a dificuldade em publicar, essa parte parece ser encarada como uma questão secundária. Das escritoras que fazem a gestão financeira de suas obras, a média de livros vendidos é 2 mil (em todo o tempo de vida), mas a grande maioria não chegou a vender 200 unidades. No total da amostra, apenas 15 escritoras venderam mais de mil livros em seu tempo de atuação como escritora (média de 22 anos).

É preciso fazer as contas para entender a dimensão desse dado. Se a Lei nº 9.610 de 1988 de direitos autorais sugere por volta de 10% do valor de capa como direitos autorais e alguém vende mil livros em 22 anos, tomando o valor médio de R$ 50,00 de um livro na livraria, estamos falando de um rendimento de R$ 5.000,00 em 22 anos, isto é, R$ 227,00 ao ano para as escritoras que atingiram a marca de mil livros vendidos.

"Os dados sobre venda de livros são estarrecedores. Primeiramente, muitas escritoras nem sabem quanto venderam, já que muitas doam seus livros e não exigem informações comerciais de suas editoras."

> "Se ganhar dinheiro é difícil para as escritoras, o reconhecimento literário vem mais fácil no universo da amostra — 23% delas já ganharam prêmios literários e 27,7% já foram finalistas de premiações do meio."

Ou seja, não estamos falando de uma atividade que gera retorno econômico para a grande maioria das escritoras. Apenas 6% delas afirmam viver da escrita e, mesmo essas, declararam uma renda bem abaixo de um salário-mínimo.

Se não vivem de literatura, o papel da literatura na vida econômica dessas escritoras é uma renda complementar. Mesmo assim, segundo dados da pesquisa, a maioria diz que é tão insignificante que nem faz diferença (74,5%). Apenas 1% das escritoras arrecadam valores acima de dois salários-mínimos ao mês, e, 2%, de um a dois salários-mínimos ao mês. Portanto, as escritoras não escrevem por dinheiro. Na pergunta que sonda a motivação da escrita, a maioria declara escrever por amor, paixão ou necessidade vital.

Em termos positivos sobre a profissionalização das escritoras, o que a amostra aponta é que existe uma margem de 5% das escritoras que tem um rendimento significativo advindo da atividade literária. São aquelas que se pode dizer que têm uma "carreira literária" e vêm atuando de forma "profissional", publicando e recebendo pelo seu trabalho. Seria interessante fazermos um aprofundamento sobre a trajetória dessas escritoras e tentar que suas experiências fossem compartilhadas com as demais para que outras mulheres também pudessem adquirir ferramentas para a "profissionalização".

Se ganhar dinheiro é difícil para as escritoras, o reconhecimento literário vem mais fácil no universo da amostra — 23% delas já ganharam prêmios literários e 27,7% já foram finalistas de premiações do meio. Os prêmios mais citados são aqueles nacionalmente conhecidos: Jabuti, Biblioteca Nacional, Prêmio Sesc, OFF Flip, Oceanos e Prêmio São Paulo, mas há também premiações organizadas por academias de letras estaduais e pelos próprios governos estaduais, como os de Minas Gerais e Mato Grosso. Mesmo prêmios realizados por prefeituras, clubes privados ou empresas são listados pelas escritoras e cumprem o papel de incentivar a escrita. Ou seja, são prêmios de repercussões e retornos diversos. Há aqueles que garantem muito prestígio, outros possibilitam a publicação e há ainda os que oferecem significativa recompensa financeira.

Esses dados, em composição, apontam que há uma margem de 30% do universo da amostra que tem uma "carreira literária", ainda que nem todas estejam ganhando dinheiro com isso, mas no sentido de publicar com editoras mais comerciais, ganhar algum dinheiro com literatura, concorrer a prêmios e acessar editais governamentais. Se projetarmos o universo da amostra para o universo dessas fotos históricas naquele momento (as 1.640 escritoras fotografadas até então), estamos falando de 494 escritoras brasileiras com carreira literária em diversas etapas desse trajeto.

Percebendo a situação desafiadora em que atuam (as três palavras mais comuns para definirem suas trajetórias foram "difícil", "luta" e "desafio"), as escritoras apontaram na pesquisa os apoios que precisariam para se desenvolverem. Surgiram sete eixos de demandas:

I. Eixo tempo e recursos pessoais (dinheiro) para dedicar à escrita;
II. Eixo apoio de editores/bons editores e agentes literários;
III. Eixo apoio das políticas públicas (editais, compras);
IV. Eixo pessoal — autoestima, foco etc.;
V. Eixo publicidade, divulgação, imprensa;
VI. Eixo livrarias — distribuir melhor os livros;
VII. Eixo apoio do setor privado — financiamento, patrocínio.

Uma parte tem a ver com questões pessoais e estruturais, como ter tempo e recursos para se dedicar à escrita, autoconfiança e foco. Outra parte tem a ver com apoio mercadológico, seja de editores e agentes literários, seja das livrarias ou de publicidade. Finalmente, as escritoras gostariam de ter o apoio de políticas públicas para incentivar o processo de produção e vendas.

Esses dados nos fazem pensar sobre o perfil das mulheres que têm acesso ao ofício de escritora. Ainda que o movimento tenha contado com a presença de escritoras negras, indígenas e amarelas, abrangendo classes sociais distintas e das mais diversas regiões de um país tão desigual, a grande maioria continua sendo branca. Houve pouca presença de mulheres trans e não bináries. Isso pode ter acontecido por vários motivos, seja por dificuldade de locomoção, por impossibilidade de encaixar o horário da foto na agenda de trabalho, por escolha própria, por não se sentirem parte do grupo de escritoras ou até mesmo por não terem tido conhecimento da foto. Mas como já diz a dedicatória deste livro, é também pensando nelas — as mulheres que não estão nas fotos — que lutamos pelo crescimento e profissionalização das escritoras: para que elas também possam ter visibilidade e pertencer.

Após ler os resultados da pesquisa, passei a admirar muito as mulheres presentes nessas fotos. Quase pude sentir a força monumental que cada uma delas fez para estar presente na foto da sua cidade, mostrar o seu rostinho e dizer: "Eu sou escritora". Singelamente, timidamente. Elas queriam poder irradiar e dizer isso ao mundo. Se sentar ao lado das outras escritoras, integrar o mosaico de rostos na foto, sem ego ou pretensão de capa de revista. Pela experiência compartilhada. Para estarem com as outras "manas", com histórias igualmente desafiadoras. Foi emocionante.

QUASE PUDE SENTIR A FORÇA MONUMENTAL QUE CADA UMA DELAS FEZ PARA ESTAR PRESENTE NA FOTO DA SUA CIDADE, MOSTRAR O SEU ROSTINHO E DIZER: "EU SOU ESCRITORA".

Acariciei aquela primeira foto que vi impressa, ao dependurá-la na minha sala de estar, para nunca mais me esquecer dela. Mais do que isso, porque fotografia não é feita apenas para enfeitar parede e sim para nos rememorar de algo e nos impulsionar, para lembrar que agora somos *uno* (ou "una") — no sentido do indivisível. Toda vez que eu escrever algo novo, quero me lembrar delas. Toda vez que eu aprender algum macete editorial ou sobre algum edital novo, quero me lembrar delas. Compartilhar saberes. Para esse propósito, o movimento Um Grande Dia para as Escritoras segue adiante. Existem muitas ações que podem ser feitas para nos impulsionar — por nós mesmas, pelas outras agentes da cadeia produtiva do livro e pelo Governo. Será nossa missão daqui em diante.

Deborah Goldemberg é antropóloga e escritora. Seu primeiro romance *Valentia* (2012), foi vencedor do ProAC São Paulo/2011 e finalista dos prêmios Jabuti e Machado de Assis em 2013. Com o romance juvenil *A brecha: uma reviravolta quilombola* (2020), que assina junto a Arquimino dos Santos e Jefferson Gonçalves Correira, foi novamente finalista do Jabuti em 2021. Em 2019, publicou a dramaturgia *Makunaimã: o mito através do tempo*, premiado pelo Ministério da Cultura. Em 2020, ganhou o Prêmio Aldir Blanc por 10 anos de realização em literatura.

Todos os esforços foram feitos para identificação e checagem dos nomes das mais de 2.300 participantes do projeto Um Grande Dia para as Escritoras. Se você está em uma das fotos e não foi identificada, por favor escreva para editorial@bazardotempo.com.br para que seu nome seja incluído e faça parte das novas edições.

Este livro foi editado pela Bazar do Tempo na cidade de São Sebastião do Rio de Janeiro, em maio de 2023. Ele foi composto com as fontes Lygia e Vinila, desenhadas respectivamente por Flavia Zimbardi e Flora de Carvalho, e impresso em papel Alta Alvura 120 g/m² na gráfica Margraf.

BRASIL

Norte

Nordeste

Centro-oeste

Sudeste

Sul

ARGENTINA

ESTÔNIA

INGLATERRA

PORTUGAL

SUÍÇA